KTV

Die kleine große

Stadt Tübingen

Texte von
Walter und Inge Jens
Fotos von Stefan Moses
und Joachim Feist

Konrad Theiss Verlag Stuttgart

CIP-Kurztitelaufnahme der Deutschen Bibliothek

Die kleine große Stadt Tübingen / Texte: Walter u. Inge Jens. Fotos: Stefan Moses u. Joachim Feist. – Stuttgart : Theiss, 1981.
ISBN 3-8062-0268-0

NE: Jens, Walter [Mitverf.]

Schutzumschlag von Michael Kasack
unter Verwendung eines Fotos von Stefan Moses

Gesamtherstellung: Grafische Betriebe
Süddeutscher Zeitungsdienst, Aalen
ISBN 3 8062 0268 0
Printed in Germany

Fotonachweis:

Joachim Feist: 2, 3, 6, 7, 8, 9, 10, 11, 14, 16, 17, 18, 19, 20, 22, 26, 27, 28, 29, 30, 31, 33, 35, 38, 39, 41, 45, 46, 48, 49, 50, 51, 54, 55, 56, 61, 63, 64, 65, 72, 74, 75, 76, 77, 79, 80, 83, 84 und hinteres Vorsatz
Stefan Moses: Umschlag, 1, 4, 5, 12, 13, 15, 21, 23, 24, 25, 32, 34, 36, 37, 40, 42, 43, 44, 47, 52, 53, 57, 58, 59, 60, 62, 66, 67, 68, 69, 70, 71, 73, 78, 81, 82 und vorderes Vorsatz

Inhalt

Ernst Müller
zum Gedächtnis

Die kleine große Stadt

Köln hat eine Universität, Hamburg hält sich eine Universität, Tübingen ist eine Universität: Der alte, oft zitierte Spruch beschreibt, was Köln angeht, einen Tatbestand, beinhaltet hinsichtlich der Freien und Hansestadt Hamburg eine Malice (Motto eines imaginären hanseatischen Handelsherrn: »Mein Sohn soll studieren – er ist für Zukker zu dumm«) und enthält in puncto Tübingen eine Beinahe-Wahrheit. 72000 Einwohner, dazu mehr als 20000 Studenten: Die Zahlen sprechen für sich. Nahezu jeder vierte Quadratmeter der Gemarkung Tübingen kommt, auf den Baubestand der Kernstadt bezogen, der Universität zu; jeder vierte Arbeitsplatz, 32000 sind's insgesamt, wird von einem Bediensteten der *alma mater* besetzt; jeder vierte Kostgänger (aber leider nicht Steuerzahler) ist ein Immatrikulierter.

Während man andernorts nach Jahreszeiten oder, in der Sprache Nürnberger Kommuniqués, nach »saisonablen Bedingungen« zählt, rechnen die Tübinger heute so gut wie anno dazumal nach Semestern. »In der Vakanz« ist die Stadt »wie ein umgestürzter Handschuh«: sie »liegt wie in einem leeren und stillen Katzenjammer da« – so wie im Jahr 1828, als Eduard Mörike über der herbstlichen Ferien-Öde Tübingens in Melancholie fiel und angesichts der »leeren und abgestandenen« Kneipen ein neues Naturgesetz erfand (»Daß sich in der Vakanz Stühle und Bänke besauften, statt der Studios, und Commerslieder sängen«) . . . so trist und gottverlassen geht es zwischen Ende Juli und Mitte Oktober heute in Tübingen gewiß nicht mehr zu, eher normal und alltäglich, mit erträglichem Verkehr, nicht überfüllten Mensen und Bibliothekssälen, wo einer auch um elf Uhr morgens noch sein Plätzchen finden kann.

Tübingen *ist* eine Universität und *war* es auch dann, als nicht jeder vierte, sondern nur jeder zehnte Stadtbewohner zu den *studiosis* gehörte, 1477 (300 Studenten und 3500 Bürger) so gut wie 1910 (2000 zu 20000) . . . in welchem Ausmaß sie's war, das verdeutlicht jener feierliche Akt, in dessen Verlauf der Stadtschreiber am St.-Georgs-Tag die der Universität zukommenden Privilegien zu verlesen hatte: in Gegenwart von Vogt und Büttel und zwei Stadtrichtern, damit sich niemand herausreden konnte, daß er von den Vorrechten der *cives academici* nichts wisse – nichts von ihrer eigenen Steuergesetzgebung, ihrer eigenen Praxis beim Weinausschank, ihrem eigenen, dem akademischen, Bürgerrecht und ihrer eigenen Gerichtsbarkeit. 350 Jahre lang, vom 15. bis zum Beginn des 19. Jahrhunderts, wurden die Privilegien verlesen: nicht selten übrigens vor halbleeren Bänken. Die Bürger, unwillig über die Bevorzugung der Buchdrucker, Buchhändler und Buchbinder, der Maler und Illuministen, der Sekretäre und Bedienten, der Witwen und Verwandten von Universitätsangehörigen – unwillig über diese gewaltige Heerschar der *cives academici* vom Rektor bis zur Dienstmagd im Haus des Professors – die Bürger murrten und betraten die Kirche erst dann, wenn die Verlesung vorbei war.

Ein Zeichen von Rebellion, von klassenkämpferischer Aufmüpfigkeit gar? Ganz gewiß nicht. Tübingens Professoren: Das waren, solange es ein akademisches Bürgerrecht gab, weder große Herren noch seraphische Geister, die ihr Wesen allein im Studierzimmer trieben – es waren Zimmervermieter, Weinguts-Bebauer, Tischherren und Gelehrte, die, inmitten von Kind und Vieh, dazu den Kostgängern, ihrem Tagwerk nachgingen und, ans liebe Gütle und den Weinstuhl vorm Haus denkend, die gleichen Sorgen wie die übrigen Kleinst- und Neben-Agrarier hatten, handfeste, Universität und Stadt in gleicher Weise betreffende Sorgen, die Ungezieferplage zum Beispiel: »Da auf Seiten eines löblichen Stadt-Magistrats«, ließen die Akademischen Behörden anno 1682 wissen, »wegen der überhandnehmenden Raupen in Gütern bei den Ihri-

gen bereits die Anstalt, solches Ungeziefer auszurotten gemacht worden, und nun eine solche Provision auf Seiten Löblicher Universität zu Verhütung daraus besorgenden großen Schadens, auch zur Erhaltung reiner Luft, gleichmäßig hochnötig sein will: also ist es hiermit Rectoris und Senatus Academici ernstlicher Befehl, daß alle Universitäts-Verwandten, die Güter besitzen, alles tun, damit solches schädliche Ungeziefer ausgetilgt werde.«
Trotzdem: *Wenn* in die kleine Stadt mit den kargen Weinbergen und den imposanten Misthaufen (3000 Wagen mußten 1810 aus Anlaß einer Generalsäuberung beladen werden, um jedenfalls den schlimmsten Unrat zu beseitigen) . . . *wenn* in die Stadt, deren Professoren, zum Leidwesen des städtischen *clerus minor,* ständig mehr Vieh auf die Weide trieben als ihnen zustand, dennoch ein bißchen Glanz und große Welt hineinkam: dann eben doch nur durch die Hohe Schul, die feierlichen Aufzüge (mit ihren homerischen Rangstreitigkeiten: wer geht vor wem?), die herzöglichen Visitationen, die Festmähler, Promotionen, Theaterdarbietungen und die Gericht-Halterei.
Und dann die Studenten: »Der beste Schläger, der beste Reiter . . . der erprobteste Trinker, das waren unsere Männer. Von den Mensuren wußten wir meist mehr als die Alten. Gelehrsamkeit schätzen wir weniger hoch«: Die Notiz Friedrich Payers, eines Pedellensohns, der es zum Präsidenten der Zweiten Kammer des Württembergischen Landtags brachte, macht deutlich, daß es in Tübingen, der Landesuniversität mit ihrem bescheidenen »Familienhimmel« (wie Robert von Mohl die professorale Oligarchie nannte), nicht anders als in Jena oder Heidelberg zuging. Ein bißchen Flitter und Verwegenheit – kurzlebiger Exzeß: »Philister heißt man und alles ist aus« –, daneben viel Elend und Demütigung kleiner Leute, Demütigung von seiten schuldenmachender, Wirtshäuser bevölkernder, »mit liederlichen Dirnen« Umgang pflegender, zu »Gassieren« und »Nachtschwärmerei« aufgelegter Studenten, von deren Treiben die – offenbar nur allzu dringlich gebotenen! – Disziplinarordnungen Zeugnis ablegen.
Armer Bürgersmann! »Der Studierende«, gibt das Ministerium des Inneren im Jahre 1822 bekannt, »der durch Zeichen oder Laute seinen Hund oder den Hund eines Anderen an einen Menschen hetzt, sowie derjenige, der seinen Hund, wenn er einen Menschen anfällt, nicht sogleich, sobald er es wahrnimmt, zurückruft«, darf nach halbjähriger Entfernung von der Universitäts-Anstalt nach seiner Rückkehr »keinen Hund mehr halten.«
Arme Bürger! Von Studenten verhöhnt, die sich einen Spaß daraus machten, Wachmänner so lange mit Branntwein zu traktieren, bis sie elendig starben! Beute-Objekte einer jeunesse dorée, die nächtens auf dem Marktbrunnen johlte, hernach in die Häuser eindrang und mit den Mägden Schabernack trieb . . . und was für einen Schabernack: Man lese Albrecht von Hallers, des Poeten und Mediziners, Bericht über den »jungen Menschen«, der eine Hausmagd, die ihm das Bett zurechtmachen wollte, mit einer Pistole bedrohte (er wähnte sie ungeladen), wobei sich eine Kugel löste, die »das Mensch hinten traf«. (Es »wurde auß dem Haus getragen, bekam Schwachheiten und starb zwei Tage darauf ohne besondere Schmerzen«.)
So geschehen im Herbst 1724 in einer kleinen deutschen Universitätsstadt, über deren Ambiente es nur *ein* Urteil gab: *unerträglich.* Tübingen: das schwäbische Güllen. Ein verkommenes Drecksnest inmitten einer reizenden Landschaft. »Ich kenne keine Stadt in Deutschland«, schreibt, am Ende des 18. Jahrhunderts, Lessings Freund Friedrich Nicolai, »die so häßlich wäre als Tübingen« und eröffnet derart eine Beschimpfungskanonade, die um die Mitte des 19. Jahrhunderts den Charakter einer wahrhaft zermalmenden Bataille gewann – alle gegen einen!
»Sogar auf dem sogenannten Markt hängen Bettkissen und Wäsche zum Lüften und Trocknen zu den Fenstern hinaus . . . die Straßen stinken, Vieh blöckt, schnattert und gluckt auf ihnen umher: Gänse, Schweine, Hühner, Ochsen und Pferde saufen aus öffentlichen Wassertrögen . . . das Gebäude der Universität groß wie eine gute Privatwohnung – so ist Tübingen.« (Victor Hehn am 3. September 1838.) »Alles bucklig und bergig, krumm und eckig, in der unteren Altstadt ärger als auf dem ärgsten Dorfe bietet diese über einen Bergsattel hingequetschte Stadt dem Fremden einen ungeheuren Anblick dar.« (Hallische Jahrbücher für deutsche Kunst und Wissenschaft, Mai 1841.)
Fazit: Glück mag sich wünschen, wer in Tübingen »durch die bald durch Fuhrwerke, bald durch Holzstöße, bald durch zusammengekehrte, aber nicht abgeführte Kothaufen versperrten Straßen unversehrt nach Hause kommt«. (Schwäbische Kronik, 27. August 1856.)
Zermalmend in der Tat – und höhnisch dazu, dabei nicht ohne Witz, wenn die Schweine, die da tagtäglich, und vor allem bei Regen, durch die Gassen der Musenstadt promenierten, sich als die »verzauberten Gefährten des Odysseus« apostrophiert sehen – Gefangene der schönlockigen

Kirke, die, durch Wolkenbrüche aus ihren Koben befreit, bei »suspendierter Straßenbeleuchtung« zumindest den Homeriden des Stifts wie Rudel von Märchenwesen erschienen. (»Minder phantasiereiche« und – dies vor allem! – »an andere Verhältnisse gewöhnte Leute freilich«, fügt die Schwäbische Kronik hinzu, »wissen in ihrer Prosa nicht anderes als ein Schwein ein Schwein zu nennen, und die Begegnung dieser Thiere, an deren Umgang schließlich nicht jedermann gewöhnt ist, wird eine so lästige, wenn man sich zu gleicher Zeit gegen die aus der Höhe mitten auf die Straße sich ergießenden Dachrinnen zu schützen hat.«)

Süffisante Vorwürfe – und nicht einmal die süffisantesten. Wer wissen will, zu welchem Haßgesang sich die Verhöhnung Neckar-Güllens steigern konnte, im letzten Jahrhundert, ziehe keinen flüchtigen Besucher (Varnhagen von Ense etwa: »Wir finden die Stadt mit ihren Straßen und Häusern abscheulich, ein schmutziges Nest, schwarz, klein, baufällig; die Stuben, die man uns anbietet, sehen entsetzlich aus«), keinen vom »berlinich Leben« Träumenden, sondern einen Autochthonen zu Rat: Friedrich Theodor Vischer, der, aus Zürich zurückgekehrt in die Heimat, nichts Eiligeres zu tun hatte, als den seit Leibniz' Tagen wieder und wieder erwogenen Plan, die Universität Tübingen in die Residenz- und Hauptstadt Stuttgart zu verlegen, mit einem Elan betrieb, als gälte es, das Inferno gegen das Paradies auszutauschen – das Inferno, jawohl! »Tübingens Bevölkerung schleppt mit ihren schmutzigen Fuhren – meist mit armen mißhandelten Pferden unter wilden Hieben – und von Morgen bis Abend die Ackererde in die Straßen der Stadt und verwandelt sie in ein Dorf; . . . Kloaken und schlecht eingefaßte Dungstätten ergießen ihren ekelhaften Inhalt in den Weg, verfault (sind) Balken, Planke, Geländer . . ., Zaun verwittert, Wand und Mauer unverbessert; nichts repariren! scheint die allgemeine Losung zu sein.«

Kein Wunder, bei alledem, daß für Friedrich Theodor Vischer (zugegeben: den frechsten und arrogantesten Mann, der, Robert von Mohl eingeschlossen, je zwischen Münzgasse und Wilhelmstraße doziert hat) die Worte »in Tübingen leben« und »lebendig begraben zu sein« Synonyma waren. Die Stadt – ein »Misthaufen«! Die Bürger: »Molche, Rochen, Hammerfische und Unken«! Die Universität – ein dreckiger Sarg! Schwäbische Inzucht! (Mohl hat da übrigens nicht anders geredet: »Die Professuren«, heißt es in den Lebenserinnerungen, »wurden in Tübingen fast erblich; so namentlich in der Familie Gmelin, von welcher man zu sagen pflegte, daß sie teils geborene, teils ungeborene Professoren habe!«)

Alles in allem: Tübingen – die tieftiefe Provinz, nicht Petersburg, sondern Tobolsk – sieben Stunden weit von Stuttgart entfernt, ein Nest, in dem selbst die Muse in persona verstummen müßte: Shakespeare, nach Tübingen versetzt . . . aus und vorbei mit dem Dichten!

»Dieser Saukoben«, polterte Vischer, in der Haltung des unter die Banausen verschlagenen Feingeists, »diese elenden Baracken schmutziger, roher, betrügerischer Menschen, Wäsche vor den Fenstern, Misthäufen an den Häusern – das ist deine Welt, das heißt eine Welt!«

Und damit genug vom Mist, *in re et in metaphora*, genug von Tübingens Unrat, der allenfalls dann die Straßen nicht zierte, wenn, wie 1777, ein großes Gedenk-Fest bevorstand (300 Jahre Universität Tübingen; Karl Eugen hielt feierlich Einzug) und der Bürgerschaft ernstlich untersagt war, »irgend etwas« aus Wassersteinen und Geschirren auf die Straße zu schütten oder »nachts die Hunde auf die Gassen zu lassen« (»ansonsten der Scharfrichter dieselben totschlagen werde«) . . . genug von den tempi passati, die ganz so lang vergangen nun freilich wiederum nicht sind: Mit der Kanalisation haperte es noch nach dem Zweiten Weltkrieg – selbst in den Villen auf dem Schloßberg gab's, »mit Luftspülung und Handbremse«, anno 50 noch die Plumpsklosetts –, und was die Sauberkeit angeht, so ersucht die Universität im 20. Jahrhundert gewiß nicht mehr darum, daß »die verfaßte Mistordnung in gebührender Observantz gehallten« werde, aber dafür hat sie zwei neue Feinde entdeckt, deren Bekämpfung sie wiederum der Stadt mit dem ihr eigenen Selbstbewußtsein empfiehlt: den Lärm und den Staub – zwei ungleiche Feinde freilich, da Stadt und Universität in Sachen Lärm ein und derselben Meinung, in Sachen Staub hingegen durchaus verschiedener Ansicht waren.

Kampf gegen den Lärm: das hieß, im Jahre 1932 zum ersten Mal im großen Stil ausgefochten, Kampf gegen die Pest der Motorisierung. Eine Verkehrszählung vom 6. Juni 1932 ergab bedrohliche Daten: 52 Personenautos, 37 Lastkraftwagen, 27 Motorräder sowie 3 Elektrokarren waren an einem einzigen Tag, neben 188 Fahrrädern, 18 Tiergespannen und 10 Handkarren, durch die Gmelinstraße gebraust!

Kampf gegen den Lärm, das hieß weiterhin: Feldzug gegen die Lobby der Automobilisten, den A.D.A.C. an der

Spitze, der es gewagt hatte, am 12. Mai 1932 die Universitätsstadt mit 160 Fahrzeugen und halsbrecherischer Geschwindigkeit (50–60 km!) zu passieren: »Offenbar ist dem A.D.A.C. unbekannt«, rief Rektor Kirschner die von Tübingen verachtungsvoll als einem »Städtchen« redenden Automobilisten zur Ordnung, »oder er hält es, was mich eigenartiger berühren müßte, für bedeutungslos, daß Tübingen der Sitz der württembergischen Landesuniversität ist, und die maßgeblichen Persönlichkeiten des A.D.A.C. scheinen nicht der Auffassung zu sein, daß es für den menschlichen Fortschritt vielleicht bedeutungsvoller ist, wenn den geistigen Führern der deutschen Wissenschaft, die in ihrer Mehrzahl Mitglied der Universität sind, die zur Ausarbeitung weltbewegender Ideen und Arbeiten erforderliche Ruhe gewährleistet wird als wenn bei einer Reichswettfahrt des A.D.A.C. einige Fahrer ein paar Strafpunkte weniger erhalten.«

So weit Magnifizenz Kirschner – beklatscht nicht nur von der Universität, die schon ein Jahr zuvor, im Sommer 1931, verlangt hatte, daß Kraftfahrzeuge im Gesamtgebiet der Institute und Kliniken mit stark herabgesetzter Geschwindigkeit (10 – 15 km) fahren müßten, und die sich mit Nachdruck gegen den Vorwurf verwahrte, sie hätte, wie's in der Tübinger Zeitung zu lesen war, den Ehrgeiz, »den gesamten staubenden und knatternden Auto- und Motorradverkehr Deutschland–Italien zwischen Aula und Universitätsbibliothek hindurchzuleiten« . . . beklatscht auch von der Stadt, vertreten durch die örtliche Polizei, deren »Einvernehmen mit den Kraftfahrern«, so jedenfalls behauptete der A.D.A.C., »auch im normalen Zustand nicht immer das beste sei«.

Wurde also zwischen Stadt und Universität in der Frage des Lärms um 1930 eine *entente cordiale* hergestellt, so trennten sich in Sachen Staub die Geister um so entschiedener: Sprach die Universität von einer »Plage« wie in keiner anderen Stadt, vertrat der Dekan der medizinischen Fakultät die These, Dozenten und Studenten atmeten »zur Zeit in Tübingen fast überall, wo sie sich aufhielten, eine teils mit grobem, teils feinem Staub angefüllte Luft ein und liefen dadurch Gefahr, sich zum mindesten Katarrhe aller Art zuzuziehen«, erklärten die Professoren wieder und wieder, dank mangelnder Asphaltierung und unzureichenden Sprengens sei die »Umgebung der Kliniken in undurchdringlichen Staub gehüllt« – und die Wilhelmstraße dazu –, veröffentlichte die Lokalzeitung gar einen nur als Warnung in letzter Stunde zu verstehenden Artikel unter der Überschrift »Der Tübinger Bürger als Staubsauger«, so replizierte, inkriminiert wegen mangelnder Straßen-Versorgung, die Stadt ebenso kühl wie entschlossen: »Daß der Zustand der Straßen jeder Beschreibung spottet und Tübingens unwürdig ist, kann das Bürgermeisteramt nicht zugeben.«

Ein bißchen spitzig klingt das schon – so wie der Ton eben gelegentlich war, zwischen den beiden Eheleuten, Stadt und Universität, die, seit Urzeiten miteinander verheiratet, Schwächen und Stärken des anderen sehr genau kannten. Man machte einander nichts vor – und tut es auch heute nicht, spielte weder *honey moon* noch fuhr man (Ausnahmen bestätigen die Regel) mit dem Besen drein. Die Universität wußte, daß die Stadt, den tertiären Sektor beherrschend, zuständig für Dienstleistungen aller Art, sie ernährte, die Stadt andererseits war sich darüber im klaren, daß mit dem – um die Mitte des 19. Jahrhunderts immer wieder befürworteten – Exodus der Universität nach Stuttgart der Großteil ihrer Betriebe, zwei Drittel hat man errechnet, hätte Konkurs anmelden müssen.

Eine Vernunft-Ehe also, und eine sehr bürgerliche dazu: Von Geselligkeit und weltstädtischer Festivität keine Rede – aus Tübinger Sicht erschien schon Stuttgart, von Berlin ganz zu schweigen, wie eine Mischung aus Paris und Petersburg, wo es Leben oder wenigstens Gesichter gab, die man nicht kannte. In Tübingen dagegen waren die Honoratioren bis ins Kaiserreich hinein ganz unter sich in der Landesuniversität mit den vielen Compromotionalen aus Blaubeuren oder Maulbronn und der Tristesse zahlreicher auf die Silbe -ei endender Lokalitäten, wo einer, wie Friedrich Theodor Vischer 1867 ans Ministerium schrieb, »in ermüdender Gründlichkeit erfahren« kann, wohin es führt, »wenn stets dieselben Menschen sich zusammenfinden, wenn kein Reiz des Neuen, Zufälligen, Fremden das monotone stagnirende Leben bewegt und wenn die einzige Unterhaltung, nachdem man sich längst alles mitgeteilt hat, das Schweigen ist«.

Tübingen – die ungesellige Stadt, versteckt hinterm Schönbuch, wo die Professoren abends im Wirtshaus hokken und die Frau Professor im Kreise der Kollegen-Damen privatissima über Koch- und Back-Rezepte hält: so nimmt sich in den Memoiren die lokale Geselligkeit aus – einerlei, ob R. Braun-Artaria in den »Lebenserinnerungen einer Siebzigerin« den bescheidenen Bildungsstand jener Frauen beklagt, denen alles, »was nach freierer Lebensauffassung schmeckte«, für unseriös galt (»Ich hörte bei einem solchen Kaffee mit Erstaunen das von einer der ersten Professorenfrauen mit starkem Selbstgefühl betonte Wort: ›Die schwäbische Hausfrau reist nicht‹«), einerlei, ob Karl von Hase – ein Demokrat, den die Regierung auf Schwabens republikanischem Ehrenplatz, dem Hohenasperg, inhaftierte – das frugale Tübinger Einladungsritual beschreibt, bei dem der von der filia hospitalis aus dem Keller geholte Neckarwein in kleine Wassergläser eingefüllt wurde, einerlei schließlich, ob Robert von Mohl sich über die mit Einbruch der Dunkelheit hermetisch abgeriegelten Bürgerhäuser belustigt: »Der Hausherr arbeitete und ging an bestimmten Tagen in seine Schoppengesellschaft, die Frau war im Kinderzimmer im tiefsten Negligé; ein ungeladener Gast hätte Erstaunen und größte Unordnung verursacht. Einmal etwa im Halbjahre erfolgte eine Einladung zu einem einfachen Abendessen; und bei außerordentlichen Gelegenheiten war ein Schmaus, für welchen acht Tage lang von der Frau selbst und ihren Dienstboten gebacken und gebraten wurde in unbegrenzter Quantität, aber wenig raffinierter Feinheit. Daß ein anderer Wein als das gewöhnliche Landesgewächs bei solchen Gelegenheiten jemals aufgetragen worden wäre, weiß ich mich nicht zu erinnern. Hausbälle waren vollständig unbekannt, Musik fast ebenso.«

Man sieht, Fontane, und nicht allein er, hätte in Tübingen wenig Erzählenswertes gefunden – keine Innstettens, nicht einmal Treibels, allenfalls ein liberales Collegium im Museum, vom Schlag der »Sieben Waisen« in »Frau Jenny Treibel«, mit Vischer und Schwegler, dem Mediziner Griesinger und dem Staatswissenschaftler Fallati, der freilich Hamburger war, und mit Ludwig Uhland natürlich, der, nachzulesen in Anton Springers Memoiren »Aus meinem Leben«, über den zum Aufbruch mahnenden Polizeidiener einen Sack schwäbischer Grobheiten ausschüttete: allen »Befehlerles« ins Stammbuch geschrieben!

Nein, Geselligkeit mit Causerien und urbanem Geplauder gab es in Tübingen ganz gewiß nicht: dafür viel studentische Arroganz, professorale Engstirnigkeit und jenen Kleinstadt-Klatsch, der nicht nur einem Friedrich List das Leben an Ammer und Neckar vergällte. Neckartübingen – das Reich, in dem, von Isolde Kurz zugleich mit Respekt und gebotener Komik beschrieben, die Professorenwitwe kat 'exochen, Emilie Uhland, deren Verblichener die Lorbeerkränze in die Küche zu tragen pflegte, »wie eine gestrenge Oberamtmännin« waltete, – ein Reich, das Mohl als Memoirenschreiber, der wie so viele das pietistisch-provinzielle Tübingen am phäakisch-weltzugewandten Heidelberg maß, mit dem dreisten Bekenntnis preisgab, ihn hätten aus der Society am unteren Neckar entweder der »gar zu spießbürgerliche Ton oder die absurde Häßlichkeit der Töchter« vertrieben.

Kurzum, hätte Fontane um 1860 in Tübingen gelebt – und sich trotz Vischers Verdikt nicht vom Romanschreiben abhalten lassen: ihm wäre als Sujet nur die Welt jener kleinen Leute geblieben, die, jedermann ein *alter ego* der Dörr und der Nimptsch aus »Irrungen und Wirrungen«, in der Unteren Stadt beheimatet waren, zwischen Kelter und Markt – Ammer-Plebejer, die im 19. Jahrhundert, als die latente Klassen-Teilung manifest wurde, von den *happy few* am Neckar und jenseits des Lustnauer Tors mit Verachtung abgetan wurden: »unreinlich und nicht selten dem Trinken ergeben, machen manche aus dieser Bevölkerungsklasse« – »die in keiner anderen Gegend Deutschlands oder auch des cultivierten Europas in ähnlicher Weise wieder angetroffen wird« – »den Eindruck eines Mitteldings zwischen Europäer und Waldmensch, der noch verstärkt wird durch eine . . . ganz unverständliche Sprache, welche für Jedermann berechtigte Zweifel erregen muß, ob diese Männer jemals in der Schule unterrichtet worden sind«: so ein norddeutscher Anonymus, Flach hieß er, in den »Culturbildern aus Württemberg«. Schwaben haben leider nicht anders über die Weingärtner der Unteren Stadt, die Gôgen oder Raupen, gesprochen: *stumpf* und *stumm, schmutzig* und *zerlumpt* – Ausdrücke Friedrich Theodor Vischers! »In der ›unteren Stadt‹ wohnte ein Volk, dessen Schmutz, Elend und unheimlich elementare Roheit selbst die wenig kulturverwöhnten Einwohner der ›oberen‹ schreckte« – ein Satz, geschrieben von Isolde Kurz.

Denn die einen sind im Dunkel, und die andern sind im Licht: der in einem Pfarrbericht von 1871 apostrophierte Gegensatz zwischen höherer und niederer Klasse, dem Neckar- und dem Ammer-Tübingen: ein starrer Dualismus war im Vormärz an die Stelle jener Dreiheit von Gelehrtentum, Handwerkerschaft und Klientel der Feld- und Landarbeiter getreten, die Goethe – in wenigen Zeilen die exakteste Beschreibung Tübingens: realistisch und signifikant! – am 7. September 1797 in den drei verschiedenen Charakteren der Stadt gespiegelt sah. »Der Abhang nach der Morgenseite, gegen den Neckar zu, zeigt die großen Schul-, Kloster- und Seminar-Gebäude; die mittlere Stadt sieht einer alten, zufällig zusammengebauten Gewerbestadt ähnlich; der Abhang gegen Abend, nach der Ammer zu, sowie der untere flache Teil der Stadt wird von Gärtnern und Feldleuten bewohnt und ist äußerst schlecht und notdürftig gebauet . . .«

Oben und *unten,* hier Besitz und Bildung, dort der Weingärtnerstand – ein Industrieproletariat hat es in Tübingen nie gegeben, die Rolle der Sozialdemokratie war folglich eher bescheiden –: *Wie* geschlossen, an ihr jeweiliges Revier gebunden, sich die Klassen gegenüberstanden, zeigt das Tübinger Adreßbuch. Von 47 Personen, die 1894 im »Adreß- und Geschäftsbuch der Oberamts- und Universitätsstadt Tübingen« als Einwohner der Gasse »Am kleinen Ämmerle« aufgeführt werden, sind 32 Weingärtner. (Der Rest besteht aus Taglöhnern und kleinen Handwerkern, einem Fuhrmann und einem Flurschütz.)

Und dagegen nun die Olgastraße, zwischen dem Österberg und dem Neckar: Zwölf Personen, davon neun akademischen Rangs, zwei von Adel, einer gar ein kaiserlicher Dragoman!

Zwei Welten – und zwei Bildungsbereiche: Ein einziges Mal taucht, anno 1850, ein Buch von Goethe im Nachlaß eines Tübinger Handwerkers auf, Schiller immerhin fünfmal, Uhland wiederum nur einmal, Hauff ebenfalls nur einmal (bei einem Buchdrucker), Hegel und Schelling – nicht vorhanden, Hölderlin ebenfalls nicht: kein einziger Tübinger Handwerker hat den Hyperion seines Mitbewohners besessen. (Gelesen freilich haben ihn manche – Hölderlins Wirt zum Beispiel, Tischler Zimmer, wußte sehr wohl, wen er ins Haus nahm: »Damals« (im Clinicum, als er »unter Autenrith in Chur« genommen wurde) »habe ich seinen Hipperion mit der Frau Hoffbuchbinder Bliefers gelesen, welcher mir ungemein wohl gefiel.« (Brief des Schreinerobermeisters Ernst Zimmer vom 22. Dezember 1835 an einen Unbekannten.)

Nein, eine Idylle war das gewiß nicht, dieses alte Tübingen, die in gewöhnliche Bürger und *cives academici* zerteilte Stadt bis 1820 sowenig wie die Zwei-Gemeinden-Polis des 19. Jahrhunderts, die sich, im Ansatz längst vorhanden, um die Zeit, als die Mauern fielen, nach 1830, und die Stadt zum Nutzen von Universität und Verwaltung expandierte, mit kruder Anschaulichkeit zeigte.

Nein, keine Idylle, im Sinn von Anselm Feuerbach, der, vierzehnjährig, »hohe überhängende Häuser, alte schöne Brunnen und weite Plätze« als Elemente eines von der Abendsonne beschienenen spätromantischen *locus amoenus* beschrieb, keine Idylle nach der Art der Bürgerin Isolde Kurz – Tübingen mit der »hohen und steilen Nekkarfront«, dem »aus der Asche wiedererstandenen Hölderlinsturm« und der »beherrschenden Stiftskirche«, die sich »auf einem steilen, hochgemauerten Vorsprung trotzig wie ein gewappneter Erzengel im Stadtinnern« emporreckte, und schon gar keine Idylle, wie sie Kommersbuch-Reime vorgaukelten, wenn sie eine *alma mater Tubingensis* beschworen, die eben das in Wirklichkeit niemals gewesen ist, was sentimentale Alte-Herren-Seligkeit in ihr entdecken wollte: ein Lebens-Zentrum, ein Nabel der Welt.

In diesem Punkt zumindest haben die Professoren klarer gesehen als die Scholaren, wenn sie, vom 18. bis zum 20. Jahrhundert, immer wieder auf Tübingens mißliche Lage »in einem Winckel Teutschlands« verwiesen: abseits der großen Straßen, schlecht zu erreichen, zu nah an Straßburg und Heidelberg, und, andererseits, zu weit von Stuttgart entfernt – und dies gerade nach dem Anschluß der Stadt ans Eisenbahnnetz: Wann endlich, hieß, zwischen 1860 und 1930 mit nimmermüdem Elan wiederholt, die Devise . . . wann endlich wird die Schönbuchbahn gebaut, die *direttissima* zwischen Landeshauptstadt und Landesuniversitätsstadt, mit der Eliminierung des Plochinger Bogens und der Revision einer Schienenführung, die allein den – ohnehin ökonomisch bevorzugten – Reutlingern nützt?

»Weder dem Dozenten noch dem Studenten wird man es verargen können«, heißt es in einer universitären Denkschrift vom Jahre 1929, die Argumente der 1906 geführten Landtags-Debatte rekapituliert, »wenn sie gegebenenfalls auf Tübingen verzichten, nachdem sie sich an der Hand des Fahrplans überzeugt haben, wie weitab die Universität vom geistigen und wirtschaftlichen Mittelpunkt des Landes entfernt liegt und wenn sie überschlagen haben, wie viel eine einmalige Hin- und Rückfahrt nach Stuttgart kostet, die sich oft genug durch den Zwang zu übernachten noch wesentlich verteuert . . . Tübingen hat weder ein Schauspielhaus noch eine Oper, sondern muß sich mit den bescheidenen Brocken begnügen, die einige Male im Semester von der reichbesetzten Kunsttafel in Stuttgart abfallen . . . Mag sich dieser Mangel für den Studierenden im Sommer weniger geltend machen, da er in den Reizen der natürlichen Lage Tübingens einen Ausgleich finden kann, so empfindet er ihn im Winter um so stärker, wo eben wegen des Fehlens von Anregungen und Bildungs-

möglichkeiten er mehr, als im Interesse unserer heranwachsenden Jugend wünschenswert, auf das . . . Wirtshausleben angewiesen ist.«
Tübingen, die Universitätsstadt im Winkel, zurückgeblieben, vernachlässigt, provinziell – ein Klein-Heidelberg auf dem Dorfe, ohne Hof, ohne Patriziat, ohne ein selbstbewußtes Bürgertum, ohne eine übers Land hinausblickende gelehrte Sozietät, Tübingen, die kleine Stadt – das ist die eine Seite, aber eben auch nur die *eine*. Die andere: das Gesicht der großen, weltumspannenden Polis – einer Stadt, in der Gedanken gedacht wurden, die die Welt veränderten. Tübingen, das Zentrum, dessen Bedeutung offenkundig wird, wenn man sich vorstellt, es hätte diese Stadt und diese Universität nie gegeben: Kepler hätte als junger Student *nicht* die Kunst des verwegen-präzisen Spekulierens erlernt; Melanchthon und Brenz, Camerarius, Sichard und Fuchs, fünf Koryphäen ihres Fachs, Reformatoren in vielfacher Hinsicht, hätten sich im Herbst 1536 *nicht* zum großen *colloquium spirituale* zusammengefunden; Hölderlin, Hegel und Schelling wären einander im Tübinger Stift *nicht* begegnet, ja, dieses Stift, das Zentrum des Protestantismus – ein Gegen-Salzburg, Gegen-Sanssouci – hätte nie existiert; Ferdinand Christian Baur hätte *nicht* die Befreiung unmündiger Christen fördernde kritische Bibel-Hermeneutik gelehrt – und dies eben dort, wo sie am wirksamsten war, im Zentrum der Orthodoxie. Kein Vischer hätte vor Hunderten, kein Friedrich List vor einem kümmerlichen Dutzend Hörer Kollegien gehalten; kein Cotta wäre, in Tübingen, zum Adressaten Weimaraner Sendschreiben geworden – die deutsche Klassik also hätte ihren Verleger, den Erben einer eingesessenen Buchhändler-Familie, *nicht* gehabt; Hölderlin wäre, von keinem Autenrieth behandelt, irgendwo zwischen Hessen und Schwaben verschollen; es gäbe weder, von Johann Valentin Andreä entworfen, eine *Christianopolis*, noch hätte, und das wäre nun wirklich ein Jammer, der Teufel Gelegenheit gehabt, vom Stiftler Hauff gelenkt, in Tübingen Theologie zu studieren. Ernst Bloch, auf den Spuren Andreäs so gut wie Hegels, hätte *nicht* heimkehren können in jene Stadt, wo dereinst drei rebellische Stiftler auf dem Marktplatz den Maibaum aufgerichtet haben sollen – und einer der ergreifendsten Briefe deutscher Sprache, Waiblingers Beschreibung des kranken Hölderlin ebenbürtige Darstellung Tischler Zimmers wäre ungeschrieben:

»Hochgeehriste Frau Kammerrathe!
Bey Ihren lieben Hölderle, ist eine sehr wichtige veränderung eingetretten, mir bemerkten seit geraumer Zeit eine abnahme seines Körpers ohngeachtet Er einen mehr als gewöhnlichen Apeditt hatte, auch ist Er leztes Virtel Jahr ruhiger wie sonst geweßen . . .
Vor ohngefehr 10 Tagen aber lief (er) in meiner Werkstadt umher, und sprach in der grösten heftigkeit mit Sich selbst, ich stund auf und fragte Ihn was Ihm fehle, Er bat mich aber wieder ins Bett zu gehen und Ihn allein zu laßen, sagte dabey ganz vernünftig Ich kann im Bett nicht bleiben und muß herum laufen, Sie alle können ruhig seyn, ich thue nimand nichts, schlafen sie wohl bester Zimmer . . .
Jezt ist Er wieder den ganzen Tag auser dem Bette und äuserst höflich, der Blik seines Augs ist freundlich und Liebreich auch spielt und singt Er, und ist überigens sehr vernünftig . . .
Sein dichterischer Geist zeigt Sich noch immer thätig, so sah Er bey mir eine Zeichnung von einem Tempel Er sagte mir ich solte einen von Holz so machen, ich versetze Ihm drauf daß ich um Brod arbeiten müßte, ich sey nicht so glüklich so in Philosofischer ruhe zu leben wie Er, gleich versetzte Er, Ach ich bin doch ein armer Mensch, und in der nehmlichen Minute schrieb Er mir folgenden Vers mit Bleistift auf ein Brett

Die Linien des Lebens sind Verschieden
Wie Wege sind, und wie der Berge Gränzen.
Was Hir wir sind, kan dort ein Gott ergänzen
Mit Harmonien und ewigem Lohn und Frieden.«

Seltsam zu denken, in der Tat: es gäbe Tübingen *nicht; nicht* die Disputationen zwischen Hegel und Schelling, Melanchthon und Leonhart Fuchs, den Lehrern Hafenreffer und Ferdinand Christian Baur und den Schülern Johannes Kepler und David Friedrich Strauß, *nicht* die Gespräche zwischen dem Bibliothecarius Hölderlin alias Scardanelli und dem Tischlermeister Ernst Zimmer, zwischen Stiftler Mörike und Stiftler Waiblinger, zwischen Vischer und Uhland.
Geistergespräche in einem winzigkleinen Bezirk, Diskussionen wie sie folgenreicher nicht zu denken sind, in den Mauern eines schäbigen Dorfs, das eher *anus mundi* als Welt- und Residenzstadt war. Gibt's, frage ich, einen Raum von vergleichbarer Kleinheit – dazu, was Zivilisation betrifft, so rückständig wie das alte Tübingen –, wo so

viele Genies eingekehrt sind, um, ein paar Steinwürfe von Haus und Haus entfernt, ein freundliches, oder, lieber noch, kontroverses Gespräch aufzunehmen?
Manche sind ein paar Tage geblieben und dann, *nolens* aber nicht *volens*, weitergezogen: Giordano Bruno etwa, der Lehrer jenes Kepler hätte werden können, dem Tübingens geistlich-streng gestimmte Professorenschaft den Lehrstuhl mit der Begründung versagte, es stünde zu befürchten, daß er »bei der Universität viel Unruhe« erwekken werde – ach, hätte er es doch gekonnt!
Manche also waren flüchtige Gäste, manchen, und oft den Besten, Jacob Burckhardt zum Beispiel, wurde zwischen Neckar und Ammer die kalte Schulter gezeigt, manche kamen, wie Wieland, für einen kurzen Studienaufenthalt, manche, wie der große Reuchlin, wurden berufen und starben zu früh, manche, so Dr. Eck, Luthers Gegner, zeigten auf öffentlichem Markt, was sie einmal in Tübinger Auditorien gelernt hatten, manche, Ernst Bloch vor allem, kamen, die Ernte einzubringen, manche sind, wie Friedrich Hölderlin, ein Lebensalter und länger in dieser winzigkleinen Stadt geblieben, um schließlich mit allen Ehren einer »akademischen Leiche« beerdigt zu werden.
Tübingen, das ist eine Stadt, die, klein und groß zugleich, den Provinzialismus mit dem Weltbezug verbindet: So wie sie, das zeigt ihre von unerbittlichen Auseinandersetzungen geprägte Geschichte, mit Hexenverbrennungen, Teufelspakten und revolutionären Aktionen zumal auf theologischem Feld . . . so wie sie Scholastik und Prophetie, Wissenschaft und phantastische Spekulation, Nüchternheit – auch bornierte Pedanterie – und verwegene Zeichensetzung an der Grenze von Spuk und Magie miteinander vereint hat.
Coincidentia oppositorum: Das tiefsinnigste Gedicht, dessen Schauplatz die kleine große Stadt am Neckar ist, Paul Celans »Tübingen, Jänner« (von einem Schreiner ist die Rede, von einem Patriarchen, von Hölderlinsätzen und Hölderlintürmen), schließt mit jenem Wort *Pallaksch*, das, so Christoph Theodor Schwab in einer Tagebucheintragung vom 14. Januar 1841, »bei ihm (Hölderlin) ja zu bedeuten scheint.«
Ein vielfach verschlüsseltes, nur in Geheimsprache zu artikulierendes Ja: keine schlechte Devise für eine Stadt, die, gut Hegelsch, nach einer Aufhebung der sie bestimmenden Widersprüche sucht – einer Stadt, in der der eine, der Weltgeist, einmal im Stift zu Hause war, und der andere, der Heilige Geist, gelegentlich eher in der fremden Gestalt eines Raben als der vertrauten einer Taube erschien.
Ja, zu *Pallaksch* verrätselt – eine genuin Tübingische Bezeichnung für jene »einträchtige Zwietracht« und »zwieträchtige Eintracht«, die, nehmt alles in allem, auch heute noch die Stärke dieser Stadt ausmacht – eines Gemeinwesens, in dem man, mag's einer wenden wie er will, denn doch ein wenig friedlicher zusammenlebt als anderswo: Diskriminierung von Minderheiten gibt es kaum in der Stadt der Bürgerinitiativen, mit ihren Grünen, Feministinnen, Farbigen, Schwulen, Liedermachern vom Club Voltaire, Folk-Festival-Besuchern, ihren listig-gelehrten Zeitungsleuten, ihren vielen einander respektierenden Unter-, Ober- und Bergstädtern, die im Hinblick auf die wenigen gestandenen Honoratioren (und solche, die's gern sein möchten) zwar nicht den ersten, aber auch nicht den letzten Rang einnehmen.
Ja, es läßt sich leben zwischen Neuer Aula und Jakobskirche, zwischen der Kunsthalle (um deren Ausstellungen willen manche Großstadt die Tübinger beneidet) und dem Kirchlein des Primus Truber – läßt sich leben in dieser Polis am Neckar, die kein Museum, keine zum nostalgischen Besuch einladende *romantic old town,* sondern eine junge Stadt ist, jung, weil hier jeder Vierte Student ist, jung aber auch, weil es die vielen Toten gibt, deren Werk – unabgeschlossen, offen und provokativ, wie es ist – ausgeführt werden will. Der junge Kepler, der freche Vischer, der freundliche Baur, der nächtens auf dem Spinett spielende Hölderlin, der Patriarch Ernst Bloch: sie gehören dazu, in Tübingen, reden mit, werden befragt, man kennt ihre Häuser, ihre Auditorien, in denen sie lasen, ihre Gärten und Gütle, unfeierlich und quicklebendig sind sie dabei in dieser Stadt, in der es die anderorts übliche Trennung von Tradition und Produktion, dem Abgelegten und dem Präsenten, nie gegeben hat.
Tübingen in der schwäbischen Provinz, eine gesegnete Stadt, mit ihrer *concordia discors* und ihrer Dialektik, die, anders als früher, heute einen Zug von Brechtscher Freundlichkeit hat: Die Toten bleiben jung; lebendig wie nirgendwo sonst in deutschen Landen ist, mit schwäbischem -sch ausgesprochen, der Geist, und Mnemosyne, lebendiges Eingedenken im Sinn des Hölderlin-Gedichts, hat hier ihren Ort:
»Und immer ins Ungebundene gehet eine Sehnsucht. Vieles aber ist zu behalten. Und not tut die Treue.«
Glückliche kleine große Stadt: »Sagen Sie uns«, bedeutet

Charlotte Kästner, geborene Buff, in Thomas Manns Roman »Lotte in Weimar«, dem Ciceronen vor Ort, Kellner Mager, »ist es weit von hier nach der Esplanade?« Darauf Mager: »Nicht im Geringsten, Frau Hofrätin. Eine Kleinigkeit von einem Weg. Bei uns in Weimar gibt es dergleichen Wege nicht; unsere Größe beruht im Geistigen.«

Ich denke, man kann, Thüringen und Schwaben miteinander vertauschend, den genius loci der Stadt Tübingen nicht exakter beschreiben als es das Faktotum des Hotels »Zum Elephanten« tut.
Kleine Wege. Große Gedanken.

»Tübingen« von der Neckarseite nach Braun und Hogenberg 1616

1 Stadtbeleuchtung

Umseitig:
2 Tübingen, vom Galgenberg aus gesehen

3 Blick von der Olgastraße auf Burse, Alte Aula, Stiftskirche und Schloß

arfümerie
G
BHARDT

4, 5 In der Neckargasse

ILLVSTRISSIMVS PIETATE ET PRVDENTIA PRINCEPS EBERHARDVS

6 Grabmal und Ehrentafel Graf Eberhards im Bart in der Stiftskirche

7 Stiftskirche: Südwestecke

Umseitig:
8, 9 Die Alte Aula

K.F.KOHL
J.J. HECKENHAUER

Vorhergehende Seiten:
10 Herrnhuter Weihnachtssterne vor der Stiftskirche
11 Der Holzmarkt

12 Blick vom Brautportal der Stiftskirche auf den Bebenhäuser Pfleghof und Häuser des 16., 18. und beginnenden 20. Jahrhunderts

13 *Schmuck an Tübinger Häusern*

14 Bursagasse

15 Staffeln am Klosterberg

Umseitig:
16 Blick vom Klosterberg auf die alte Stadtmauer mit dem Neckartörlein

17 Klosterberg: Blick vom Stift zur Burse

18 *Die alte Burse*

19 *Klosterberg: Blick gegen das Stift*

20 *Stiftsinnenhof*

21 *Clinicumsgasse: Blick gegen die Burse*

22 *Neckarfront vorm Stift*

23 *Stocherkähne vorm Hölderlinturm*

24 Das Silcherdenkmal in der Platanen-allee

25 Tübinger Gräber

Umseitig:
26 Münzgasse 18: Portal

27–29 Münzgasse 14/16: Portal, Innenhof und Garten

B
18

15 48

30 *Bacchantin am Tübinger Rathaus*

31–33 *Der Marktplatz*

einstube Lichtenstein

34, 35 Im Lammhof

36, 37 Kronenstraße mit Gasthaus »Forelle«

Rupert Kolb
4.stock
klaus
heblich
zander

38 Neckarhalde 8: rückwärtiger Eingang

39 Neckarhalde am Faulen Eck

40 Schloß Hohentübingen: Haspelturm und Kalte Herberge

41 Das untere Schloßtor

42 *Gartenhaus und Kegelbahn in der alten Schloßküferei*

43 Gartenhaus Neckarhalde 33b

44 In der Haaggasse

45 Der Kapitänsweg

case
Das Wiener Festival
Das Wiener Festival

46 *Sanierung*

47 *Im Süßen Löchle*

48 *Das alte Schlachthaus (Lange Gasse 21)*

49 *Treppenhaus Collegiumsgasse 12*

50 *Konvikt*

51 *Das Nonnenhaus*

52, 53 Tübinger Handwerker

54 In der Bachgasse

55 *Der Ammerkanal*

 Die Schmiedtorkelter

57 Blick vom Garten des Roigelhauses auf Spital und Fruchtschranne

58, 59 Um die Jakobskirche

PUCH

60 *Die Mühlstraße*

61 *Olgastraße*

62 Verbindungshaus auf dem Österberg (Haus der Hohenstaufen, Zollernstraße 13)

63 Altes Schwabenhaus

64 Neue Aula

65 Universitäts-
bibliothek, Altbau

BIBLIOTHEK
POETA

66–68 Studentsein 1981

Ausfahrt
freihalten!
Parken verboten!

RESERVIERT

69 Das Neuphilologicum, Wilhelmstraße 50

70 Im Tropicarium des Neuen Botanischen Gartens auf der Morgenstelle

71 Botanischer Garten und naturwissenschaftliche Institute auf der Morgenstelle

72 Blick vom Neubaugebiet Wanne auf die naturwissenschaftlichen Institute der Morgenstelle, das neue Klinikum auf dem Schnarrenberg, den Schloßberg und die Schwäbische Alb

73 Neubaugebiet Waldhäuser-Ost

74 Altes Fabrikgebäude der Firma Wurster und Dietz in Derendingen

75 Derendingen: Kirche und Friedhof

76 Lustnau: Dorfstraße

77 Der Bebenhäuser Klosterhof (Sophienpflege)

78 Bebenhausen

79 Kloster Bebenhausen: Sommerrefektorium

80 Beim Ammerhof

81 Schwärzloch

82 Apfelernte

83 Beim Mosten

Umseitig:
84 Die Wurmlinger Kapelle

Zu den Bildern

1 *Stadtbeleuchtung* »Als ich über die Brücke fuhr und die Häuserfront der Stadt am Neckar hinauf, nach alter Weise erleuchtet, da falteten sich unwillkürlich meine Hände und klemmten sich meine Finger ineinander – ich jauchzte, fast schaudernd, in mich hinein!«
Eduard Mörike an Johannes Mährlen,
Tübingen, 10. September 1827.

2 *Tübingen, vom Galgenberg aus gesehen* Tübingen – eine Große Kreisstadt: durch die Gemeindereform um die Gemarkungen Bühl, Hagelloch, Hirschau, Kilchberg, Pfrondorf, Unterjesingen, Weilheim sowie Bebenhausen bereichert.
Zum ersten Mal genannt vor einem Jahrtausend, 1078, TVVINGIA (später Duwingen, Tuwinge, Tüwingen), als Stadt durch die Pfalzgrafen von Tübingen in der zweiten Hälfte des 12. Jahrhunderts ins Licht der Geschichte getreten. 1342 Besitztum der Grafen (später Herzöge) von Württemberg. Gründung der Universität 1477; seit 1514 (bis 1805) Sitz des höchsten Gerichts im Herzogtum. Im 19. Jahrhundert: 10000 Einwohner. Verdoppelung der Zahl zwischen 1870 und 1901; nach dem Zweiten Weltkrieg Hauptstadt des Landes Württemberg-Hohenzollern (1945–1951); Partnerschaft mit den Städten Aigle und Monthy (Schweiz), Aix-en-Provence (Frankreich), Ann Arbor (USA) und County Durham (England):
Geschichte in Stichworten!
». . . unsere Stadt Tübingen, deren Schönheit, Fruchtbarkeit und Gesundheit lieber mit Augen angeschaut als von uns empfohlen werden mag«: diese Worte Eberhards mit dem Barte gelten einer Stadt, in deren Gebiet vier Täler zusammenlaufen (300 m über NN), Neckar-, Ammer-, Steinlach-, Goldersbachtal, und deren wald-, garten- und wiesenreiche Keuperhänge bis zu 520 m ansteigen.
Die kleine Stadt mit der Georgenkirche und dem Marktplatz im Zentrum, mit Judenviertel und Spital: eine winzige Polis zwischen dem 14. und dem Beginn des 19. Jahrhunderts – es waren nur ein paar hundert gemächliche Schritte zwischen West- und Ost-, Nord- und Südmauer, der turmbewehrten, deren innerem Ring die Häuser aufsaßen. Ein halbes Jahrtausend Stillstand im Bann der fünf Tore . . . und dann, nach dem Abbruch der Stadtmauern, zwischen 1829 und 1832, die plötzliche Erweiterung durch die Ansiedlung der Universität in einem neuen Viertel vor dem Lustnauer Tor (»Hochschule auf der Wiese«: Tübingen ging anno 1841 Bielefeld und Paderborn, den auf freiem Feld errichteten Neugründungen unserer Tage, voran!), durch die Bebauung der Ammertalhänge mit den Kliniken, und, zwei Jahrzehnte später, durch die Ausdehnung nach Süden – auf die Eisenbahn und die Kasernen zu. In gleichem Maß wie sich die Stadt nach Süden und Norden hin vergrößerte, kamen ihr, der Metropole immer stärker zugewandt, Derendingen und Lustnau räumlich entgegen – beide durch jene nach dem Ausbau der Mühlstraße (1885–1887) vollendete Nord-Süd-Achse einander nähergerückt, die das Bahnhofsgebiet mit dem Neuen Universitätsviertel verband.
Siedelte, nach dem großen Durchbruch von 1830, dem Mauerabriß, das 19. Jahrhundert im Tal und auf den talnahen Hängen, so okkupierte das 20. auf dem Sand, der Waldhäuser Höhe, der Wanne, dem Schnarren- und dem Galgenberg die Hügel im weiten Umkreis der Stadt – erst 500 Jahre Beharren und dann, in rapider Entwicklung, ein bauliches Furioso! Mit problematischem Erfolg allerdings: die Hochhäuser im Norden und die Straßenspangen im Süden, im Anschluß an den 1980 vollendeten Schloßbergtunnel, emblemezerschneidende Betonpisten ringsum (noch nicht – dies verhinderte ein Bürgerentscheid – quer durch die Stadt), haben aus Tübingen zumindest partiell längst ein Klein-Manhattan gemacht.

28411 Personenkraftwagen sind zugelassen in dieser Stadt, die auf einem mit 9615 Wohngebäuden besiedelten Areal von 10812 ha 74000 Einwohner beherbergt (zwei Drittel evangelisch, ein Drittel katholisch), unter ihnen 7000 Ausländer und 20000 Studierende.
Jeder vierte arbeitet in dieser kleinen großen Stadt für die Universität. Im Sinne des Gleichnisses vom alles verzehrenden Bauch und den tätigen Gliedern wäre die Hochschule also der Tübinger Bauch, und die Tübinger Glieder wären die an der Peripherie angesiedelten Industrieanlagen: Groß- und Mittelbetriebe der Metall-, Elektro-, Baustoff- und Textilbranche.
Aber das Gleichnis trügt: die tätigen steuerschaffenden Glieder in Derendingen, Lustnau und beim Westbahnhof hätten aus der Kleinstadt vielleicht eine Großstadt gemacht – eine große Stadt aber: dies zu schaffen blieb, im Zentrum, dem studierten Bauch vorbehalten.

3 Blick von der Olgastraße auf Burse, Alte Aula, Stiftskirche und Schloß Nach dem Panorama der »Großen Kreisstadt« mit den Hochhäusern, Institutsbauten und neuen Vierteln in den Tälern und auf den Höhen rings um die Altstadt, nun ein Blick auf jenen Teilbereich, mit dem auch heute noch die meisten den Begriff Tübingen verbinden: die Stadt zwischen Schloß und Kirche, Stift und Alter Aula, Platanenallee und Burse.
Ein schönes Bild, ein harmonischer Eindruck: die Weiden vor Hölderlins Turm, Weißdorn und Forsythien im Stiftsgarten am Neckar; die »geschlossenen Linien des mittelalterlichen Städtebaus« könnten tatsächlich, wie Isolde Kurz es vor 100 Jahren beschrieb, »für alle Zeiten festgelegt sein«: »Noch immer spiegelt sich die hohe und steile Giebelreihe der Neckarfront in dem still ziehenden Fluß; unverrückt steht auf der höchsten Hügelkuppe Schloß Hohentübingen mit seiner gestreckten Masse und den stumpfen Türmen, und die beherrschende Stiftskirche auf einem steilen, hochgemauerten Vorsprung reckt sich trotzig wie ein gewappneter Erzengel empor.«
Burg und Kirche, Burse und Aula, der Neckar und die Bürgerhäuser – die Einheit, in der sich eins zum andern fügt, scheint in der Tat »unverwischbar« zu sein und ist von der Literatur wieder und wieder beschrieben worden:

»Könnt ich so dichten, wie hier alles klug
Verteilt ist, jedes steht an seiner Stelle.
Des Dunklen nicht zuviel, genügend Helle,
die Burg, die Brücke, und der Straße Zug

Zur Burg hinauf: verborgen nicht zuviel
Und sichtbar doch nicht alles. Auch die Wellen
Des Neckars halten Maß: in ihrem Spiel
Erscheint das Meer schon, und zugleich der Quellen

Ursprung ist spürbar. So geordnet ist
Dies alles, einfach, und doch reich gegliedert. . .«
(Johannes R. Becher)

Doch der Anschein trügt: In Wahrheit dominierte in dieser Stadt jahrhundertelang nicht der Konsens, sondern die Spannung zwischen den Teilen. Allein vier verschiedene Gerichtsbarkeiten gab es auf dem winzigen Raum von etwa 600 x 500 Metern. Stadt, Universität, Schloß und Ritterakademie sprachen in eigenem Namen Recht und bestanden pedantisch auf der Respektierung ihrer Privilegien; weltlicher und geistlicher, städtischer, landesherrlicher, universitärer und kirchlicher Eigentumsanspruch wollte beachtet sein – oft sogar, wie bei der Stiftskirche (deren Chor mit der Grablege dem Land, deren Schiff der Kirchengemeinde und deren Turm als Sitz des Türmers der Stadt gehört) im Bezug auf ein- und dasselbe Gebäude; Studenten und Bürger, Weingärtner und Professoren klagten mehr als einmal ihre einander widersprechenden Interessen ein.
Ein falsches Bild also, der Anschein von Harmonie im Frühjahr 1981? Nicht ganz. Wer genauer hinsieht, erkennt, daß die discordia in Wahrheit eine concordia discors war. Es gab, schwer wie die Zeiten waren, keine andere Wahl, als sich nolens volens zu einigen. Feuer-, Wasser- und Kriegsnöte, auch ein Erdbeben, bei dem man, einer alten, von Max Eifert zitierten Handschrift zufolge, »über dem Neckar auf dem Wöhrd die Stadt in die Höhe fahren und sich wieder niederlassen« sah, machten gemeinsame Überlebensanstrengungen notwendig: Also arrangierte man sich.
Nur einen hat es in dieser Stadt immer gegeben, der über allen Widersprüchen stand: den Türmer, der bis 1927 in seiner Stube am Umgang unter dem Schieferhelm der Stiftskirche wachte – jedermann in gleicher Weise verpflichtet. Vier Jahrhunderte lang läutete er die Feuerglocke und hängte seine rote Laterne in jene Richtung, in

der der Brand ausgebrochen war (untertags wurde eine rot-gelbe Fahne ausgesteckt), nahm, bei Feindannäherung, die Feuerstafette auf, die, von Höhe zu Höhe weitergegeben, die Gefahr anzeigte, und befahl, die Tore zu schließen.
Vom Umgang des als Turmbläser und Hochwächter vereidigten Türmers aus wurde im letzten Jahrhundert bei Beerdigungen erster Klasse, während man den Toten ins Grab senkte »Auferstehn, ja, auferstehn« geblasen – noch heute ertönen jeden Sonn- und Feiertag die Posaunenchoräle bis zu den Neubaugebieten auf den Höhen ringsum, und von seinem Turm aus wurde – ein ergreifender Augenblick – am 14. Oktober 1648 die Ankunft der Varnbühlerschen Kuriere angekündigt, die dem Marschall Turenne die Nachricht vom Ende des Dreißigjährigen Krieges überbrachten: vom Turm der Stiftskirche aus, in die zum Gottesdienst am 2. November des gleichen Jahres »alles mit unaussprechlichem Jubel eilte, um«, so der Chronist Max Eifert, »dem Frieden auch ein Fest zu feiern und ein Dankfest dem, den der Text des Tages verkündete als die Zuversicht aller auf Erden . . .: der da stillet das Brausen des Meeres, das Brausen seiner Wellen und das Toben der Völker (Ps. 65)«.

4, 5 In der Neckargasse Wer vom Bahnhof aus über die Neckarbrücke in die Tübinger Altstadt gelangen will, erreicht sein Ziel an einer Stelle, wo bis zum Jahre 1804 das Neckartor stand: am südwestlichen Ende der Neckargasse. Während der Verkehrsstrom, der Stadtmauer folgend, durch die Mühlstraße zum Lustnauer Tor fließt, gelangt der Fußgänger, nach links abbiegend, in eine autofreie enge Straße, die zunächst gemächlich, dann, unterhalb der großen Stützmauer für den Stiftskirchenchor, steil in Richtung Holzmarkt ansteigt. Diese Trasse, vom Fluß her kirchenwärts führend, wurde vor 500 Jahren geschaffen, als Graf Eberhard im Barte nach der Universitätsgründung eine neue steinerne Neckarbrücke errichten ließ und zugleich mit dem Bau der Stiftskirche begann, deren massiger achteckiger Turm dem Blick des Fußgängers ein Ziel setzt, wenn er die durch schmalbrüstige Häuser begrenzte Straße passiert: ein Haus ein bißchen zurück, eins weiter vor, eins groß, eins klein.
Die Häuser der linken Straßenseite – gegen die Gasse hin meist zweistöckig, mit unten eingebauten Läden und unterschiedlich hohen Giebeln – stehen mit ihrer Rückfront auf der inneren Stadtmauer und bilden, zusammen mit den Gebäuden der nach links hin abbiegenden Bursagasse, die unterste Zeile der berühmten Tübinger Neckarfront. »Ich mußte mein Herz festhalten«, schrieb Eduard Mörike im Angesicht der hochgebauten Stadt – aus der Nähe sieht's bescheidener aus. Die Häuser stammen durchweg aus dem 16. Jahrhundert, wurden später vielfach umgebaut und modernisiert.
Anfangs eine reine Handwerkerstraße – jedenfalls auf ihrer südlichen, dem Fluß zugewandten Seite –, wurde die Gasse nach Gründung der Universität auch von Professoren und wohlhabenden Studenten bewohnt – jenen *cives academici*, die sich den Mietzins für eines oder zwei der begehrten »Stuben mit Neckarblick« leisten konnten . . . darunter übrigens auch Zelebritäten: Der erste Kanzler der Hohen Schule und Propst der Stiftskirche, Johannes Vergenhans alias Nauclerus, hat hier gewohnt; der letzte Königlich Württembergische Finanzminister, Professor Dr. Theodor Pistorius, wurde hier geboren – ein »Secklers«-Kind aus der Tübinger Neckargasse, der in seinen Memoiren sein väterliches Haus mit »kleiner Werkstatt und Warenverkaufsladen« beschreibt: »Der Hausanteil umschloß die Hälfte des Vorderhauses sowie des Seitenflügels gegen die Neckargasse und zwar derart abgeteilt, daß mein Vater den ersten Stock nebst Laden, der Sattler Hausch den zweiten und dritten Stock besaß; Bühne, Keller und Erdgeschoß sowie die unteren und oberen Hofräume waren gemeinsam und so geraumig, daß wir von unserem Kelleranteil noch vermieten konnten und daß in dem Erdgeschoß (Hauseingangsraum) Hausch zur Sommerzeit seine Sattlerei betreiben konnte, der übrige Raum für uns und Hausch zur freien Verfügung (Hopfenzopfen, Waschen, Bügeln wie zum Knabenspiel) stand. Auch eine Hausmange war in diesem Raum zur gemeinschaftlichen Benutzung aufgestellt. In diesen Raum führte die stets offene Haustüre aus der Bursagasse mit sechs bis acht Stufen herunter, aus demselben nach oben in den ersten, zweiten, dritten Stock das freiliegende Treppenhaus und durch denselben der Durchgang in den der Bursagasse zu liegenden zweiten hinteren Flügelbau, der im gesonderten Eigentum eines dritten Besitzers stand und zu dem auch aus unserem ersten Stock noch ein langer, durch keine Türe gehinderter Gang hinüberführte.«
Derartige Häuseraufteilungen waren in Tübingen bis in unser Jahrhundert üblich: Bedingt durch die in Württemberg vorherrschende »Real-Erbteilung«, in deren Folge die Gebäude zum Zweck der Besitzabgrenzung gewöhn-

lich in Stockwerks-Parzellen (eine Urform der »Eigentumswohnung«) geteilt wurden, während Höfe, Keller und Bühnenräume – manchmal auch das für gewerbliche Zwecke eingerichtete Erdgeschoß – gemeinschaftlich zu benutzen waren. Kein Wunder, bei so komplizierten »Wohngemeinschafts«-Verhältnissen auf Eigentumsbasis, daß die Akten der Tübinger Archive voll von Schiedssprüchen sind, mit denen die Stadtgerichte die Streitigkeiten zwischen den »Hauswirten« (Pistorius: »So hießen sich die Besitzer gegenseitig, sofern sie nicht gerade im Streit lagen«) zu schlichten hatten.

Bis zum Ausbau der Mühlstraße im Jahre 1887 war die Neckargasse eine der Hauptverkehrsadern der Stadt. Seit Stadtmauern bestanden, zogen hier alle Fuhrwerke hindurch, die, von Süden kommend, Güter und Vieh auf den Markt brachten, dazu das einheimische Vieh, das die Tübinger Bürger in Höhe des ihnen zustehenden Kontingents durch die Neckargasse treiben mußten, um es – da's noch keine Stallfütterung gab – auf der Städtischen Allmende, dem Wöhrd, weiden zu lassen. Kein Wunder, daß die Gasse von Kot und Schmutz bedeckt war und städtische wie akademische Behörden immer wieder – zumal viele vornehme Reisenden sich über das schmutzige Tübingen entrüsteten (einer hieß bekanntlich Goethe) – der Beseitigung des »Unraths in der Neggergassen« ihre Aufmerksamkeit zuwenden mußten – vergeblich natürlich.

Und was in früheren Jahrhunderten Vieh und Fuhren nicht schafften: aus der Neckargasse, zwischen Fluß und Kirche, eine schier unbewohnbare Straße zu machen, das gelang den Autofahrern in den sechziger Jahren unseres Jahrhunderts. Erst zu Beginn der Siebziger begann sich – nach einem vergeblichen Versuch, die Innenstadt in der Vorweihnachtszeit 1965 autofrei zu halten – ein neues Lebensbewußtsein durchzusetzen. Heute ist die Neckargasse Fußgängerzone, eine der ersten, die es in Tübingen gab. Die stinkende Vieh- und Auto-Passage hat sich, mit ihren eingeebneten Trottoirs und der neuen Pflasterung, in eine Gasse verwandelt, in der sich's schwatzen, bummeln, einkaufen oder auf einer der im Schutz der Stützmauern errichteten Bänke ausruhen läßt.

6 Grabmal und Ehrentafel Graf Eberhards im Barte in der Stiftskirche

Tübingens geistiges Zentrum: die Stiftskirche. Weltlicher Mittelpunkt dieses Zentrums: die Grablege der württembergischen Fürsten aus dem 15. und 16. Jahrhundert im Kirchenchor. Nicht im Zentrum, sondern an der Peripherie der anno 1537 zur Grablege bestimmten Fürstengruft: Württembergs geliebter Herr, Eberhard im Bart, der Gründer der Universität Tübingen. »Am 1. März 1496«, so die Grabinschrift, »starb der durch Frömmigkeit und Klugheit hoch hervorragende Fürst Eberhart im Bart, Herzog von Württemberg und Teck und Graf von Mömpelgaard, der Gründer dieser Schule.« *Dieser Schule:* Die beiden Worte deuten darauf hin, daß die Universität einmal in der Kirche Herberge hatte. Der Chor war ihr Festsaal, in dem die Promotionen stattfanden; Eberhard, Gründer der Universität, ruht in der Aula seiner Hohen Schule – und das zu Recht. Der Pilger, der 1468 ins Heilige Land aufbrach und seitdem die Palme zum Symbol erwählte, war, wiewohl nur des Deutschen mächtig, ein geheimer Scholar, Bücherliebhaber, Freund der Humanisten, Herrscher unter Gelehrten, die ihn, wie's Melanchthon tat, als einen der Ihren verehrten.

Die martialische Gewandung des Regenten, Rüstung, Schlachtschwert, Dolch und Helm, das Ritterliche betonend, steht im Widerspruch zum Willen des Toten: Als ein Mönch ist Eberhard, seiner Verfügung entsprechend, begraben worden – im Petersstift zu Einsiedel, nah bei Tübingen, einem von ihm begründeten Kloster, gewandet mit der blauen Kutte des Laienbruders. Der Palmbaum mit dem Wahlspruch »Attempto« (ich will es wagen) auf der kupfernen Ehrentafel, die seine Hohe Schule im Chor anbringen ließ, wird dem Pilger und Gelehrten gerechter. Das Grabmal hingegen erinnert an den Renaissanceherrscher, der Eberhard freilich auch war, ein früher Macchiavellist aus Württemberg.

Gestorben in Tübingen, wohin Herzog Ulrich ihn anno 1537 überführen ließ – in den Chor, seine Aula, näher dem Kollegiengebäude, der Sapienz, als dem Schloß.

Tübingens geistig-weltliches Zentrum: das erste Grabmal in der ersten Reihe der Ostseite im Chor.

7 Stiftskirche: Südwestecke der. stain. lit. an. die drd kirche uf dieser hoffstat (Dieser Stein gehört zu der dritten an dieser Stelle errichteten Kirche.): Die spätgotische Inschrift aus dem 15. Jahrhundert hinter der romanischen Plastik besagt, daß die Stiftskirche, wie sie heute auf dem

»Jörgensattel« (St. Georgs Hohem Sitz) steht, der dritte Bau an dieser Stelle ist – Nachfolgerin zweier romanischer Kirchen aus der jeweils zweiten Hälfte des 11. und 12. Jahrhunderts, deren zuletzt gebauter zwischen 1340 und 1468 der heutige gotische Turm bis zur Höhe des Umgangs angefügt wurde. Drei weitere Aufschriften von 1470 (am südöstlichen Strebepfeiler des Chors: *Ano dni [domini] 1470 iar . . . ward de erst stain gelegt an dem kor*), von 1478 (an der Südostecke des Langschiffs: *Ano dni 1478 . . . ward de erst stain geleg[it] an die syten*) und von 1483 (an der Nordwestecke des Langschiffs: *Ano dni 1483 . . . ward geleit der erst stain an dr seitten*) bezeichnen die Bauentwicklung der folgenden Zeiten.
Die beiden frühromanischen Flachreliefs, wahrscheinlich Greif und Löwe darstellend, sind Relikte der ersten Kirche und wurden dem späteren Bau sehr bewußt eingefügt: aus dem humanistischen Bedürfnis heraus, heimische Tradition sinnfällig zu überliefern und die »Geschichtlichkeit« des Baus zu dokumentieren, sein Einst und Jetzt. (*Jetzt* heißt ca. 1470–1490: Das Steinmetzzeichen mit dem Kreuz verweist auf den »Tübinger Meister«.)
Über die Bedeutung der Fabeltiere an der ursprünglich nur dem hl. Georg geweihten Kirche ist viel gerätselt worden, auch über ihren Bezug zu den beiden Reliefs vierfüßiger Tiere am Brauttor der Nordfassade. Stehen sie in Verbindung mit dem Drachenkampf? Oder – die überzeugendere Lösung – haben sie die Funktion von Schutz- und Wächtertieren? Auch dann gehören sie, Unheil abwehrend, in den Umkreis des Patrons. Das beweist das – freilich erst später angebrachte – Wappen des Heiligen unter den Reliefs: rotes Kreuz auf silbernem Grund, dem man in der Stiftskirche nicht weniger als sechsmal begegnet – ein Loblied aus Stein für den Patron.

8, 9 Die Alte Aula Die Alte Aula – wie sie im Gegensatz zur 1841–1845 im Ammertal errichteten Aula Nova genannt wird – wurde 1547 von Herzog Ulrich als Ersatz für die Sapienz errichtet, die, 1477 erbaut, 1534 samt Bibliothek, Portraitgalerie und Archiv abgebrannt war. Dieses erste Auditorienhaus der Universität lag unterhalb des heutigen Lehrgebäudes, wenige Meter neben der Burse. Lediglich das südlichste Drittel des neuen Baus überschneidet sich mit einem Teil des alten Sapienz-Terrains, auf dem man später, im 17. Jahrhundert, den ersten Botanischen Garten anlegte: den berühmten hortus medicus, in dem der große Biologe Rudolf Jacob Camerarius jene Beobachtungen und Experimente anstellte, die ihn 1694 zur Entdeckung der Sexualität der Pflanzen führten.
Bis zum Jahre 1776 war die Alte Aula ein hochgiebeliges, auf steinernem Unterbau errichtetes Fachwerkgebäude, das – wie der heutige Komplex – zum Stiftskirchenplatz hin zweistöckig, an der Hangseite mit fünf Stockwerken in Erscheinung trat, und in dessen Dachboden sich die Getreidevorräte befanden, mit denen die Professoren damals bezahlt wurden. Erst anläßlich des 300jährigen Jubiläums der Hohen Schule ließ Herzog Karl Eugen den alten Bau in das heutige klassizistische Gebäude umbauen: mit Walmdach und egalisierter, von einem Balkon über der rundbogigen Pfeilerhalle zum Kirchenplatz hin symmetrisch gegliederter Fassade, ohne jedoch den Grundriß zu verändern.
»Da es bei der enggebauten Stadt an Platz fehlte« – so im Jahre 1800 das »geographisch-statistische-topographische Lexikon von Schwaben«, »konnte das Gebäude auch nicht vergrößert werden. Daher begnügte man sich, das alte zu verbessern und ihm eine erneute Gestalt zu geben. Es enthält das Archiv, die Bibliothek, einen Saal zu Feierlichkeiten und einen kleinen Saal, wo sich der Senat zu versammeln pflegt. Das Archiv ist im untersten Teil dieses Gebäudes, das ganz massiv in Stein gebaut ist; über diesem ist die Bibliothek, die in zwei Sälen aufgestellt ist. Sie ist 12–14 000 Bände stark.«
Der Tübinger Staatsrechtler und zeitweiliger Bibliothekar Robert von Mohl freilich, der hier zwischen 1817 und 1821 studierte, sah die Sache etwas anders: »Als ich meine Studien in Tübingen begann, war die Universitätsbibliothek geradezu ein Skandal. Sie stand in drei übereinanderliegenden, gegen die Straße zu unterirdischen, unheizbaren Räumen; der Pedell versah das Ausleihgeschäft . . . Der Bestand war erbärmlich, kaum etwas anderes als Theologie, ältere geschichtliche Quellensammlungen und eine endlose Sammlung von juristischen Dissertationen.«
Ihrem Zweck entsprechend, »anständig und hell mit schöner Aussicht« waren offenbar nur die Zimmer der oberen Stockwerke, die der Universitätsverwaltung, den Senats-, Fakultäts- und Kommissionssitzungen sowie den Residenzen von Rektor und Amtmann vorbehalten waren. Studenten durften diese Räume allenfalls zu Prüfungszwecken betreten. Die ihnen zugedachten Auditorien befanden sich – mit Ausnahme einer angemessen großen, aber »auf unförmlich dicke Balkensäulen« gestützten Aula

– in den unteren Geschossen und waren, wenn man Robert von Mohl glauben will, »unglaublich elend, dunkel, kalt, schwer zu heizen«, zum Teil sogar »unterirdisch und nur zur Neckarseite frei«, in ihrer Ausstattung deplorabel: »mit jahrhundertealtem, verfaulenden schwarzbraunen Holze getäfelt«, mit »Türen«, die sich »unmittelbar auf die Straße« öffneten, »Tischen von der schlechtesten und unbequemsten Beschaffenheit« und ohne Beleuchtungsvorrichtung: »Jeder brachte sein Lichtstümpfchen in der Tasche mit und klebte es auf den Tisch, und nur in einige der begünstigten Hörsäle brachte die Magd des Pedellen einige Talglichte, für welche dann am Ende des Jahres bezahlt wurde.«

Der Alten Aula und dem Universitätshof gegenüber liegt das Martianum – auch »Neuer Bau« genannt: ein Ende des 17. Jahrhunderts auf dem »abgebrannten Platz« des alten Vogtshauses in klassizistischer Manier errichtetes Stiftsgebäude, in dem 16 bis 18 Studierende auf Kosten des Stipendium Martianum Kost, Logis und Studiengeld erhielten. Noch heute erinnert eine Tafel neben dem Eingang daran, daß einmal auch der stud. med. Justinus Kerner zu den Begünstigten dieser Stiftung gehörte, dessen Zimmer zum Haupttreffpunkt der Schwäbischen Romantiker wurde. Hier trafen sich Ludwig Uhland, Karl Mayer und andere mit Kerner und begannen ihren Kampf gegen die im Nachbargebäude, Münzgasse 15, verlegten Gazetten. Das Lexikon von Schwaben zählt um 1800 das »ganz von Stein« errichtete Gebäude zu den besten Bauten der Stadt: »Es hatte Frontos über den Fenstern nach italienischer Art, diese sind im Jahre 1777 von unverständigen Männern, die das Haus erneuerten, herabgeschlagen worden, wahrscheinlich, weil die Tübinger Baumeister nichts von Frontos wußten und man sie vielleicht für Wetterdächer hielt. Nun hat man dieses vormals edle Gebäude auch den andern Tübinger Häusern ähnlich gemacht und mit mancherlei Farbe und Figuren bemalt.«

Nun, der Chronist konnte nicht ahnen, daß man später noch ganz andere Dinge mit diesem Haus machen würde. Von 1936–1976 diente es als Domizil der Tübinger Polizei, und als diese auszog, erwog man ernsthaft den Abriß. Erst nachdem eine Gruppe Studenten das leerstehende Gebäude kurzerhand besetzt und auf das Erbanrecht verwiesen hatte, das die alte Tübinger Studentenhilfe seit 1923 auf das Stipendium besaß, entschlossen sich Stadt und Universität, die Räume »bis auf weiteres« wieder als Studentenwohnheim freizugeben.

Gegenüber der St.-Georgs-Kirche liegt an der Münzgasse, dem Martianum benachbart, noch ein drittes geistiges Zentrum: die Cottasche Verlagshandlung. Von diesem Gebäude, das zu Beginn des 17. Jahrhunderts dem letzten Sproß des Pfalzgrafengeschlechts, Hans-Georg von Tübingen, gehört hatte, gingen seit 1665, 200 Jahre lang die Bücher der ersten Wissenschaftler und Literaten in die Welt; hier trat, genau 100 Jahre vor Schillers Geburt, 1659, ein aus Nürnberg herbeigerufener sächsischer Buchhändler namens Johann Georg Cotta durch Heirat und Privileg in die lange Reihe der Verleger und Drucker ein, die, von der Universitätsgründung (Johann Otmar und Thomas Anshelm) bis zum Umzug des Johann Friedrich Cotta nach Stuttgart im Jahre 1810, Tübingen zu einer der berühmtesten Druck- und Verlagsstädte der Zeit gemacht haben. Das Bild dieses ihres letzten und bedeutendsten Vertreters schmückt nicht zufällig seit 1876 die Fassade des Tübinger Rathauses.

Johann Friedrich Cotta hat, als Verleger der deutschen Klassiker, den Namen Tübingens für immer mit dem seinen verbunden – ein König unter seinesgleichen, dem Schiller die Aufwartung machte, als er, 1794, seinen alten Lehrer Abel aufsuchte, und in dessen Haus Goethe einkehrte, der im September 1797 seine Schweizer Reise in Tübingen unterbrach: »Ihre gefällige Einladung nehme ich umso dankbarer an, als ich bey den heißen Tagen in Wirthshäusern viel gelitten habe und mich in dem häuslichen Kreise einer wohlwollenden Familie wieder zu erquicken hoffe«, hatte der Dichter den Verleger am 31. August aus Stuttgart wissen lassen; und das Resümee des Aufenthalts, das er wenig später dem Freund Schiller mitteilte, fiel, den Erwartungen entsprechend, freundlich aus: »Bei Herrn Cotta habe ich ein heiteres Zimmer und zwischen der alten Kirche und dem akademischen Gebäude einen freundlichen, obgleich schmalen Ausblick ins Nekkarthal.«

Aber nicht nur Schiller und Goethe hat Cotta betreut. Die Werke von Voß, Wieland, Herder, den Humboldts und den Schlegels, von Hölderlin, Tieck und Kleist – Jean Paul nicht zu vergessen – sind in seinem Verlag erschienen, und Heinrich Heine hat für seine renommierte »Augsburger Allgemeine Zeitung« die Pariser Berichte geschrieben. Cotta war, daran kann kein Zweifel sein, der größte, aber auch der großzügigste und nobelste Verleger seiner Zeit, ein Fürst, dem seine Autoren mit Respekt und Dankbarkeit begegneten, und ein Mann, »der die Hand über die

ganze Welt hatte«, wie Heine nach Cottas Tod an den Sohn schrieb.
Diese Weltgeltung aber ging, wie Heinrich Heine ebenfalls wußte,»mit einer rührenden Bescheidenheit« einher, mit einer Schlichtheit der Lebensführung, die Varnhagen von Ense 1808 in solche Verwirrung versetzte, daß er sie in seinen »Denkwürdigkeiten« festgehalten hat: »Ich war bei Cotta, dem ich meinen Empfehlungs- und Kreditbrief übergab. Ich glaubte meinen Augen nicht, als ich nach der Cottaschen Buchhandlung fragte, und man mich in ein Lädchen wies, wo ich mich fast schämte einzutreten; so winzig, eng und schmucklos hab' ich neue Bücher noch nie wohnen sehen . . . und noch dazu ist dies der Ort, wo die Schiller und Goethe recht eigentlich zu Hause sind, von wo sie ausgehn. Der eine, emsig beschäftigte, aber dennoch guthmütig aufmerksame Diener, den ich traf, lächelte über meine Befremdung, und geleitete mich, da ich den Herrn Doktor sprechen wollte, zwei schmale Stiegen hinauf, in ein enges Stübchen, wo es aber doch elegant aussah, sogar ein Sopha breitete sich hinter einem Tische, das einzige bis jetzt, das ich in Tübingen zu sehen bekommen, denn Studenten und Professoren haben so schwelgerische Gewohnheiten nicht.«

10 Herrnhuter Weihnachtssterne vor der Stiftskirche
Ein malerisches Bild: Im Schatten der Sterne, am Holz markt, fand früher der Weihnachtsmarkt statt. »Dieser Weihnachtsmarkt«, heißt es in den Memoiren der Margarete von Wrangell, »gruppierte sich um die wundervolle alte Stiftskirche, die des Nachts wie eine Riesin aus der steilen Neckargasse zum dunklen Himmel emporragt. Der Jahrmarkt gehörte in Tübingen zu Weihnachten wie der Tannenbaum.« Ein idyllisches, aber auch ein geschichtsträchtiges Bild: Die Herrnhuter Sterne am Cottahaus, als weihnachtliche Fackeln auf die Georgenkirche verweisend, erinnern an jenen Nikolaus Ludwig Reichsgrafen von Zinzendorf und Pottendorf, Erneuerer der Brüderunität und Begründer des religiös-sozialen Gemeinwesens von Herrnhut, der, nach mancherlei teils freundlichen, teils gespannten Disputen mit der württembergischen Kirche, anno 1734 in Tübingen in den geistlichen Stand trat und in Übereinstimmung mit der Theologischen Fakultät ein Lehramt übernahm – und zwar öffentlich, mit dem einem Grafen gebührenden Pomp.
Am 19. August hat der Herrnhuter in der Stiftskirche (zwei Tage später auch in der Jakobskirche) gesprochen, geschmückt mit dem Danebrogorden, »wie es bei anderen großen Orden die geistlichen Ritter« tun: Nikolaus Zinzendorf, der sich von diesem Tag an gern einen Tübinger Theologen nannte.
Die Herrnhuter Sterne im Umkreis der Stiftskirche befinden sich also genau an der richtigen Stelle. Hommage à Zinzendorf – aber auch Provokation für jene Orthodoxen, die in Zinzendorf den Ketzer erblickten.
Stella loquuntur: Die Sterne, die in der Weihnachtszeit viele Alt-Tübinger Häuser schmücken, erzählen Geschichte.

11 Der Holzmarkt Seit 1976 sieht man wieder, wie sehr die drei Elemente aufeinander bezogen sind: die *Kirche*, mit der auf St. Georg und St. Martin verweisenden Schauseite, der *Jörgenbrunnen,* der heute wieder, wie vom Mittelalter bis ins 19. Jahrhundert hinein, dem Kirchplatz den Fixpunkt gibt, wo die Gassen zusammenlaufen und der Platz sich öffnet, und schließlich der *Platz*, der alte Hafenmarkt, auf den Hermann Hesse von seinem Arbeitsplatz in der Heckenhauerschen Buchhandlung herabschaute – der Markt mit »Engel« und »Adler«. Das alles gehörte einmal zusammen.
Die Mauer, die von 1841–1976 den sakralen Bereich vom weltlichen Forum trennte, war die Erfindung einer Zeit, die es »passender« fand, die Kirchstaffeln, »da sie einer Ruine glichen«, »gleich ganz hinwegzunehmen« und an ihrer Stelle, in Fortsetzung der Stützwand gegen die Neckargasse, »eine senkrechte Mauer aufzuführen«.
Auch der »sehr schadhafte Georgenbrunnen« fiel diesen »Verschönerungs«-Bestrebungen zum Opfer und wurde durch ein gußeisernes Becken ersetzt, das – vom Hersteller stolz als »erster größerer Brunnen unserer Zeit in unserem Vaterland« apostrophiert – seinen Platz im Schatten der hohen Terrassenmauer fand.
Erst 1912 machte der Kunsthistoriker Konrad Lange vehement auf den »Akt großer Barbarei« aufmerksam, den sich die Stadt Tübingen durch die Verschandelung des Holzmarktes geleistet hätte, und unternahm den Versuch, »das alte Platzbild und die alte Gestalt des Brunnens, so wie sie bei dessen Entstehung 1523 ausgesehen haben,« zu rekonstruieren. Dabei fand Lange Stücke der alten Georgsfigur in Gärten, auf Bühnen und, 1911, bei den Arbeiten zur Neckarkorrektion, im Fluß. Er setzte sie zusam-

men und erhielt so ziemlich genau die Gestalt des drachentötenden Ritters, die heute in einer Nachbildung auf der neuen Brunnensäule zu sehen ist.
1914 verhinderte der Krieg, daß Langes »Spurensicherung« in stadtplanerische Initiative umgesetzt werden konnte; volle 60 Jahre vergingen, bis die Stadt sich – anno 1976 – dank eines Landeszuschusses und privater Spenden in der Lage sah, die ursprüngliche Einheit von Markt, Brunnen und Kirche wiederherzustellen. Freilich klagte man bald, daß sich – vor allem im Sommer – allzuviel junges Volk auf den restaurierten Freitreppen lagere. Trotzdem – das Forum Holzmarkt mit seinen Treppen, seinen Flaneuren, Musikanten und fliegenden Händlern ist ein fester Bestandteil städtischen Lebens geworden.

12 Blick vom Brautportal der Stiftskirche auf den Bebenhäuser Pfleghof und Häuser des 16., 18. und beginnenden 20. Jahrhunderts Der Blick vom Brautportal an der nördlichen, dem Holzmarkt zugewandten Stiftskirchenfassade zeigt gegen Osten ein reizvolles Ensemble fast aller in der Tübinger Oberstadt vertretenen Baustile – ein Ensemble, das in der Tiefe durch die Südwestecke des Bebenhäuser Pfleghofs, einem gegen Ende des 15. Jahrhunderts zusammen mit den hauptsächlichen Bauten der jungen Universität entstandenen Gebäudekomplex, begrenzt wird. Das Portal über dem Kapelleneingang gibt das Datum an: Soli deo 1492.
Die Geschichte des Pfleghofs ist eng mit dem Schicksal der Stadt im frühen Mittelalter verbunden. Das Kloster Bebenhausen – im 12. Jahrhundert von den Tübinger Pfalzgrafen gegründet – gewann etwa 150 Jahre später, zur Zeit des Niedergangs der Dynastie, rasch Eigentum in der Stadt: Pfalzgraf Eberhard wurde, nachdem er dem Kloster bereits große Teile seiner Liegenschaften hatte verpfänden müssen, zwischen 1292 und 1295 gezwungen, dem Abt von Bebenhausen auch wesentliche Besitztümer seines städtischen Territoriums mit allen daranhängenden Patronatsrechten zu verkaufen: an erster Stelle den an der Münzgasse und um das »Höfle« herum gelegenen Fronhof. Als der württembergische Graf Eberhard im Barte 200 Jahre später auf diesem Gelände die Bauten seiner Hohen Schul errichten wollte, mußte er das Kloster durch die Zuweisung eines anderen Areals – eben jenes an der Westseite des Österbergs gelegenen Gebietes – entschädigen, das, entgegen anderen Annahmen, bereits sehr früh besiedelt gewesen sein muß. Dies jedenfalls geht aus neuesten Funden hervor, die das Landesdenkmalamt bei Probegrabungen im Zuge der 1980 eingeleiteten Pfleghofrenovierung vorgenommen hat. Sogar einen bisher unbekannten Verkehrsweg, der von Osten her über den in vorstädtischer Zeit noch nicht durchstochenen Österberg und den angrenzenden Schulberg weiter in die Unterstadt führte, konnte man freilegen.
Die heute in ihren Hauptgebäuden noch relativ vollständig erhaltene Pfleghofanlage läßt die frühere Bedeutung als Güter-, Lager- und Verwaltungszentrum ahnen. Der Eindruck wird verstärkt durch die große, von mächtigen Eichenholzpfeilern gestützte und mit eichenen Deckenbalken versehene Halle im Untergeschoß und den weiträumigen Hof, in dem ein im Fachwerk erneuerter Zuggiebel die Lage der Fruchtspeicher zeigt. Ehemals gab es hier noch eine Kelter und einen Brunnen, der sein Wasser aus klostereigenem Terrain am Österberg bezog. Nach der Reformation ging der Pfleghof in den Besitz des Kirchenkastens, nach 1806 in den des Landes über. Zeitweilig befanden sich hier die Universitätsfechtböden, später die Straffälligen-Hilfe, die Polizei sowie das musikwissenschaftliche Institut und ein Wohnheim für 45 Studenten. Damit wird der Pfleghof heute – jedenfalls teilweise – wieder von der Alma Mater Tübingensis benutzt, deren neues Hauptgebäude man, einen Abbruch des traditionsreichen alten Anwesens ernsthaft erwägend, in den dreißiger Jahren des vorigen Jahrhunderts just an dieser Stelle errichten wollte, ehe man sich entschloß, im Ammertal ein ganz neues Universitätsviertel zu bauen.
Neben dem Pfleghof – im Bild rechts – fällt ein schön renoviertes Fachwerkhaus auf. Es stammt in seinen Fundamenten ebenfalls aus der Zeit um 1500, wurde jedoch später abgerissen und wieder neu erbaut »durch Magister Johann Grapner«, der 1576 seinen Diakonatssitz hierherverlegte. Seither hieß es bis ins 18. Jahrhundert »das obere Diaconatshaus«. Im 19. Jahrhundert sind dann Handwerker – ein Messerschmied und zwei Metzger – als Besitzer nachweisbar, und heute gehört es einem Friseur: einem Griechen, der durch die Restaurierung der mittelalterlichen Struktur dieses in den Nachkriegsjahren arg verschandelten Gebäudes in die städtischen Annalen einging.
Hätten die Ahnen seiner schwäbischen Gastgeber gleiches Stil- und Geschichtsbewußtsein bewiesen, der »Wurstpalast« (so genannt, weil er einer Metzgerei gehörte) an der Ecke zur Neckargasse wäre vielleicht nie entstanden.

So aber riß man das alte, dreistöckige Haus, dessen Geschichte sich bis ins 16. Jahrhundert zurückverfolgen ließ, im Jahre 1900 ab und setzte ein vielfältige Bauformen zeigendes Backstein-Eckgebäude an seine Stelle. Statt der zwei Giebel, die zum Schulberg und zur Neckargasse standen, schmückt heute ein dreistöckiger, mit einem Turmhelm versehener Erker die nördliche Front, während dem Holzmarkt und der Neckargasse zu sich wiederholende Rundbögen und gesimsgestützte Balkone die Fassaden strukturieren. Diesem Stilbruch ist die erste Tübinger Stadtbild-Satzung zu verdanken, die der Gemeinderat im April 1907 verabschiedete, und die den Marktplatz, die Umgebung der Stiftskirche, des Schlosses und des Wilhelmstiftes sowie die Neckarfront als schutzwürdig erklärte: »Backsteinbauten, Bauten aus gemischtem Mauerwerk von greller Farbwirkung, sichtbare Eisenkonstruktionen sowie die Errichtung von flachen Dächern« sollten in diesen Bezirken fortan untersagt sein, außerdem durften die Häuser im geschützten Areal, die »ganz oder teilweise von einer Straße, einem Platz oder einem Weg aus einsehbar« waren, »in der Regel« nicht länger mit »Schiefer, Zink oder Blech eingedeckt werden«. Wenn diese Verordnung auch durch Beschluß des königlichen Innenministeriums zu Fall gebracht wurde, so zeugt sie doch von einem schon relativ früh erwachten Gefühl der Tübinger für die historisch gewachsenen baulichen Eigenarten ihrer Stadt.

Das gilt auch für den Bereich westlich des Pfleghofs (links im Bild), dessen durchweg in klassizistischer Manier erbaute Häuser sich von den gegenüberliegenden mittelalterlichen Gebäuden auffällig unterscheiden. Dieses Viertel entstand nach dem großen Brand von 1789, bei dem fast alle alten Gebäude völlig eingeäschert und in den darauffolgenden Jahren mit stark verändertem, streng linearem Straßengrundriß wieder aufgebaut wurden.

Man hat das Häuserensemble zwischen Holzmarkt und Pfleghof verschiedentlich als architektonisches Gesamtkunstwerk gepriesen, das ein hohes Maß an historischem Verständnis spiegele – und in der Tat, selbst wenn man dieser eher euphorischen Interpretation nicht zustimmen mag, vermittelt die Möglichkeit, aus der Perspektive des Fotografen die wichtigsten Epochen der Tübinger Baugeschichte: Mittelalter, Klassizismus, 19. und frühes 20. Jahrhundert »zusammensehen« zu können, zumindest einen historisch interessanten Eindruck.

13 Schmuck an Tübinger Häusern Nach dem Panorama jetzt ein Blick aus der Froschperspektive. Nicht nur Straßen und Plätze, Kirchen und Bürgerhäuser, auch die vielen kleinen Details, ein Wappen über der Haustür, eine Konsolfigur, Zierat, der scheinbar funktionslos hier eine Hauswand und dort eine Nische schmückt, gehören zum Ambiente der Stadt. Wer nicht nur auf Türme und Schaufassaden blickt, bemerkt beim genaueren, auf Einzelheiten achtenden Hinsehen plötzlich die gotisch verstrebte Ecke des Hauses am Ammerkanal oder den spitzgiebligen Holzeingang im Halbdunkel einer Treppe zur Burgsteige hin; er sieht, wie viele Rundportale noch in Keller und Häuser führen, entdeckt die staufischen Buckelquader an der Neckarmauer, findet den Löwen vor dem Reuchlinschen Haus und gewahrt am Ende sogar die kleine spätgotische Konsolfigur unter dem Erker in der Kirchgasse 2, die die linke obere Tafel auf unserer dem Hausschmuck gewidmeten Bildseite zeigt. Geldsäckchen und Messertasche bezeichnen den Kaufmann: Hinweise auf den Beruf des Bauherrn und die Bestimmung des Hauses.

Die Tafel rechts daneben zeigt einen Wappenträger, der, in der Kornhausstraße 15, die Last des Fachwerkaufbaus trägt. Auf dem verzierten Stab über seinem Kopf steht die Aufschrift 1. 6. P. H. o. 2. – zu lesen als Initialen des Bauherrn und Jahreszahl des Hausbaus. Das zweigeteilte Wappen zeigt rechts einen kleinen, mit Steinmetz- oder Hauszeichen und den Initialen C. V. gezierten Schild, hinter dem der Träger, eine männliche Figur, vom Oberkörper an sichtbar wird; auf der linken Hälfte sind zwei gekreuzte Messer oder Schwerter sowie die Buchstaben H. B. zu sehen, die man parallel zu den Steinmetzrunen der rechten Seite als Zimmermannszeichen gedeutet hat. Das Bild links unten zeigt die Fratze oder Maske der Konsole am Gebäude Kornhausstraße 17, die dort vermutlich als Bannungs- oder Abschreckungszeichen angebracht wurde. Die Inschrift P. 1. 6. o. 2. H. weist darauf hin, daß die Häuser Nr. 15 und Nr. 17 ursprünglich zusammengehörten und das Besitztum die ganze Breite zwischen den beiden Konsolen einnahm. Heute dient die Fratze dem Tübinger Amt für Altstadtsanierung als signifikantes Emblem: die kleinen beutelartigen Gebilde rechts und links der Mundpartie sind Tränen, vergossen wegen der Barbarei, mit der das schöne alte Stadtbild verschandelt wurde und auch heute noch – jetzt vor allem durch Straßen, die organisch gewachsene Bauzonen willkürlich durchschneiden – verschandelt wird.

Verglichen mit der Schmerzensmaske präsentiert sich (rechts unten) der winterlich mit Pelzmütze und Muff bekleidete Mann über der Tür des Gebäudes Nonnengasse 8 eher freundlich. Obwohl sich sein Standort in unmittelbarer Nähe des Nonnenhauses befindet, hat er nach Aussagen der Kunsthistoriker nie etwas mit dem Kloster zu tun gehabt. Dagegen ist es möglich, daß dieser Mann mit der großen, schräg sitzenden Mütze zusammen mit den ihn einrahmenden Kartuschen einmal ein großes Faß geschmückt hat (das Haus in der Nonnengasse gehörte früher einmal einem Küfer) – wofür die Öffnung unter dem Muff spricht, die eine Anschraubung (von Gießvorrichtungen?) gestattet.
Genauso wahrscheinlich ist aber – dies die These des Tübinger Landeskundlers und Geographen Gradmann –, daß der Mann mit dem großen Muff den Winter symbolisieren soll und, zur Zeit seiner Entstehung im frühen 18. Jahrhundert, im Ensemble mit den Kartuschen als Schlittendekoration diente.

14 Bursagasse Die *Bursagasse* (früher, genauer, »unter der Burs«): das ist jene von der Neckargasse zur Burse (dem Alumnat: Schlaf-, Eß-, Wohn- und Unterrichtshaus der Studenten) und weiter zum »Klosterberg« des Tübinger Stifts führende Straße, deren nördliche, gegen Münzgasse und Stiftskirche steil aufragende Fassade ihr mittelalterliches Aussehen im Zug der Universitätsgründung entscheidend veränderte. Nach Abriß etlicher Wohn- und Wirtschaftsgebäude entstanden hier gegen Ende des 15. Jahrhunderts die ersten Bauten der Hohen Schul: die Sapienz (das erste Kollegiumsgebäude) und, vor allem, die Burse, die der Gasse den Namen gab. Die dem Neckar zugekehrte Seite aber blieb frei von Universitätsgebäuden und konnte so ihren Charakter als spätmittelalterliche Wohn- und Handwerkergasse bewahren. Freilich, in Tübingen läßt sich das Unten und Oben, das Bodenständig-Zünftige und das Weltläufig-Universitäre nie so recht trennen, und so lebte im Haus Nr. 4 einer der größten und – dem Judenhaß Paroli bietend – fortschrittlichsten Gelehrten des 16. Jahrhunderts, Johannes Reuchlin. Ein steinerner Löwe auf einer Konsole, die seinen Namen und die Jahreszahl 1522 trägt, erinnert an ihn, den großen Hebraisten mitten unter den Handwerkern, die hier ihrer Tätigkeit nachgingen – zu Reuchlins so gut wie, Jahrhunderte später, zu Pistorius' Zeiten: »Die Bursagasse abwärts grenzte unmittelbar an unser Haus die Glaserei der Gebrüder Schmiedhäuser. Sie wurde im Erdgeschoß betrieben mit einer Mosterei im Hintergrund, die der ganzen Nachbarschaft gegen eine kleine Gebühr zur Verfügung stand. Im zweiten und dritten Stock dieses Nachbarhauses saßen ein Schneider und ein Schuhmacher. Weiter bursagassenabwärts folgten auf derselben Seite Schlosser, Schreiner, nochmals Glaser und schließlich der Bierbrauer Betz.«
Heute gehört auch die Bursagasse zur Fußgängerzone; die Pflastersteine, neu verlegt, erinnern in ihrer Struktur an den alten Belag, mit dem Stadt- und Artistenfakultät nach Fertigstellung der Universitätsgebäude den Weg in voller Länge versahen. Eine Straße wurde wieder bewohnbar, die, einen Steinwurf weit von Reuchlins Domizil entfernt, durch den Ausbau eines ihrer alten Gebäude (auf unserem Bild links vorn) mitsamt der tiefen und geräumigen Keller ein Kommunikationszentrum besonderen Ranges erhielt: das Zimmertheater mit »großem« und »kleinem« Haus, zwischen denen der Zuschauer szenenwechselnd pendelt, und einem Foyer, in dem Ausstellungen und eine auf den Neckar hinausgehende Terrasse für Unterhaltung während der Pausen sorgen.

15 Staffeln am Klosterberg Die Staffeln zwischen Stiftseingang und »Faulem Eck« an der Neckarhalde, links die steilaufragenden Häuser des Klosterbergs, rechts die Klostermauer. Eine Tafel an der Außenfront des Kapellenchors (rechts in der Bildmitte; am unteren Strebepfeiler) gibt Aufschluß über das Alter jenes Teils des alten Klosterkomplexes, an dem vorbei die junge Frau mit ihrem Kind stadtaufwärts emporsteigt: *Elaboratu(m) e(st) h(oc) op(us) p(er) i(n)dustrium(m) viru(m) kunele (?) schürcs (?) in vigila s(ancti) Laurenty 1.5.13.* (zu deutsch: Erbaut wurde dies Gebäude durch den fleißigen Mann Kunele Schürcz 1513).
Ein paar Jahre später, so steht zu vermuten, wurde am Fuß des Wegs das »alte Ephorat« errichtet, jenes Amts- und Wohnhaus des Stiftsregenten, das sich anno 1569 als »der Augustiner Haus, Scheuer und Stall« ausgewiesen sieht, »zwischen den Staffeln, wo man ins Neckarbad geht, und dem Augustiner Torhäuslein, hinten auf die Stadtmauer, vorn auf die gemeine Gasse [zwischen Burse und Stift] gehend«, bewohnt von Dr. Johannes Brenz, dem Lutherfreund und ersten großen Reformator der Universität.

Scheuer und Stall – dazu, sechs Jahre später, neuer Oberstock und neuer Dachstuhl – als Gelehrtenzubehör: So war's selbstverständlich in Tübingen, wo Agrikultur in bescheidenem Umfang wie den Gelehrten der anderen Fakultäten so auch den geistlichen Herrn der ersten und höchsten Fakultät ein Zubrot besorgte.

so streng gehandhabt wurde, denn die Nachfahren des Küfers kamen offenbar doch ans Ziel. Wie sonst hätte Theodor Pistorius in seiner Jugend in jenem »Haus des Bierbrauers Betz« spielen können, »dessen Betrieb einschließlich Malzdörre und Bierfuhrwerken« die Knaben der umliegenden Häuser so sehr faszinierte?

16 Blick vom Klosterberg auf die alte Stadtmauer mit dem Neckartörlein Wir befinden uns in einem der malerischsten Winkel der Oberstadt. Das Haus ganz rechts – das oben beschriebene »alte Ephorat« – stößt mit seiner Rückseite an die Stadtmauer, in die an dieser Stelle eines der zwei kleinen »Türlein« eingelassen ist, durch die man, unabhängig von den Stadttoren, einmal im Norden (das nicht mehr erhaltene, sog. Beben-, Mühl- oder auch Drecktörlein passierend) und einmal hier, im Süden, ins Freie gelangen konnte. Unser Türlein, das zum ersten Mal gegen Ende des 14. Jahrhunderts in Erscheinung tritt, führt zum sog. Neckarbad, einem schon früh bestehenden Gebäudekomplex im Zwingel »außerhalb der Ringmauer am Neckar«. Dieses langgestreckte Gebäude (ehemals vielleicht eine Mühle) gehörte im 15. Jahrhundert dem Augustinerprior von Fürst (daher auch manchmal »Princeps-Türlein«) und besaß eine »Badstub«, die noch 1677 als »Neckarbad samt allen dazugehörigen Zubern und anderem Geschirr« erwähnt wird. In späteren Jahrhunderten diente es dann als »Farbhaus« und »Tuchschererwerkstatt«, ehe es, gegen das Jahr 1800, zu einer zweistöckigen Behausung ausgebaut wurde.

Der Weg dorthin führt hart unter der Stadtmauer vorbei, an deren Außenseite man noch deutlich die Spuren eines Wehrgangs erkennen kann, während die innere Seite die Rückwand jenes Gebäudes bildet, vor dem eine stufenlose Schräge von der Gasse in Richtung auf die Stadtmauer führt und vor einem Kellerhals endet.

Sie mag vielleicht aus jener Zeit um die Wende vom 18. zum 19. Jahrhundert stammen, da in diesem Haus ein Küfer wohnte, der im Parterre seines Anwesens gern eine Bierbrauerei betrieben hätte, von der Stadt aber mit der Begründung abschlägig beschieden wurde, der Westwind treibe den Geruch ins Auditorium der Burse. Damit gewinnt jener Erlaß aus der Zeit der Universitätsgründung Anschaulichkeit, der es allen lärm- oder geruchsverbreitenden Handwerkern untersagte, sich im Umkreis der Hohen Schul anzusiedeln, später allerdings nicht mehr gar

17 Klosterberg: Blick vom Stift zur Burse Noch einmal fast der gleiche Ort: die Küferei neben dem Neckartörlein und die Häuser »in der Arch«, die zur Clinicumsgasse gehören, obwohl sie mit ihrer Vorderseite auf dem Klosterberg stehen. Der Blick geht vom Stiftseingang durch die kurze, »Klosterberg« genannte Gasse zur Burse. Zwischen den Gebäuden hindurchgehend kommt man auf einen schmalen, mit Platanen bestandenen und nach Süden, zum Neckar hin freien Platz. Er verdankt seine Existenz dem Professor der Medizin und langjährigen Universitätskanzler Autenrieth, der, als er im Jahre 1805 die damals arg baufällige Burse zum ersten Klinikum der Hohen Schule umbauen ließ, den Abriß der alten, südlich der Gasse rückwärtig an die Stadtmauer grenzenden Scheuern und Werkstätten veranlaßte. Seine Kranken sollten Licht und Sonne und die damals noch ganz freie Aussicht ins Steinlachtal bis hin zur Schwäbischen Alb genießen.

Als Erholungsanlage wurde der Hof nach Abschluß des Krankenhausbaus neu »versteint« und mit Bäumen bepflanzt. In den fünfziger und sechziger Jahren teilte er das Schicksal vieler Tübinger Plätze und wurde Parkplatz.

Heute stehen unter den alten Bäumen rohe Sitzbalken und ein Sandkasten, flankiert von Bänken für die älteren Bürger. Sommers sitzen die Studenten auf den Stadtmauerresten, und wenn die Stadt ein Fest feiern will, läßt sie hier Tische aufschlagen und Lampions zwischen den Bäumen anbringen.

»Bei der Sanierung der Altstadt soll ein enges Zusammenspiel von offenen Wasserflächen, Baumbestand und historischer Bebauung . . . hergestellt werden«, heißt es im Text des Rahmenplans zur Altstadtsanierung, den der Gemeinderat am 9. Mai 1977 verabschiedete. Der Platz vor der Burse ist ein Schritt auf dem Wege zu diesem Ziel.

18 Die alte Burse Die Burse ist das älteste Gebäude der Universität. Seit 1482 die ersten Studierenden hier einzogen, ist sie ununterbrochen im Besitz der Hohen Schule

geblieben und hat ihr im Verlauf der Jahrhunderte zu recht mannigfaltigen Zwecken gedient.
Ihre ursprüngliche Aufgabe war die eines für alle Studienanfänger obligatorischen Alumnats (daher der Name »Contubernium«, der einige Zeit geläufig war), in dem die damals meist sehr jungen Studienanfänger lebten und – durch eine Grundausbildung in den Fächern der Artistenfakultät – auf das Magisterium und damit auf die Zulassung zum Studium in den Höheren Disziplinen vorbereitet wurden . . . manchmal sogar von so bedeutenden Mentoren wie Johannes Reuchlin oder Philipp Melanchthon, der von 1512 bis 1528 an der Tübinger Burse »wohnte und wirkte«, wie die Gedenktafel an der dem Neckar zugewandten Fassade besagt.
Diese Fassade fällt durch zwei gegenläufige Treppen auf. Die Konstruktion ist alt: Schon vor dem großen Umbau im Jahre 1805 bestand die Burse aus zwei gleichen, aber durch eine Mauer ohne Durchlaß voneinander getrennten Haushälften, deren eine in Richtung der Alten Aula und des »Collegiumsgartens« (des späteren hortus medicus) stehend, die »Realistenburs« hieß, während die andere als »Moderna Burs« erscheint: Bezeichnungen, die sich von den beiden philosophischen Schulen des ausgehenden Mittelalters herleiteten, dem »alten« und dem »neuen« Weg, den »Realisten« und den »Nominalisten«, deren Anhänger sich zeitweilig im wörtlichen Sinn »bis auf's Messer« bekämpften und deshalb auch möglichst nicht gemeinsam an einer Universität lehrten. Daß sie in Tübingen nicht nur – wie in Basel – an einem Ort, sondern, wenn auch getrennt, unter einem Dach lebten, ist ein europäisches Unikum.
Während der anfänglichen Blütezeit der Burse, deren Gliederung nach Philosophenschulen man mit der Einführung der Reformation aufhob, wohnten und lernten hier zeitweilig bis zu 130 Studenten, die sich, wie später ihre auf Staatskosten im Stift studierenden Kommilitonen, einer strengen Zucht unterwerfen mußten und sich – auch hierin den Stipendiaten gleichgestellt – innerhalb der Mauern des Hauses nur lateinisch unterhalten durften. In den folgenden Jahrhunderten verlor die Burse jedoch mehr und mehr ihre Funktion als Propädeutikum und sank – von einigen kurzen Aufschwüngen abgesehen – zu einer bloßen Eß- und Wohnstätte für sozial schwache Studenten herab.
Hand in Hand mit dem Verlust an geistiger Bedeutung ging der bauliche Verfall: Kanzler Autenrieth plädierte 1803 für die Renovierung eines Gebäudes, das in seinem damaligen Zustand für die Universität wertlos geworden war: zum »Abandonnieren« empfohlen.
Die Umgestaltung geschah in klassizistischer Manier: mit verputzten Fassaden und flachgeneigtem Giebeldreieck an der Hauptseite im Süden. Die ursprünglich geplante Ausgestaltung der zwei Aufgänge als Doppeltreppen wurde noch während des Bauens aus finanziellen Gründen in die bis heute beibehaltene Lösung der zwei gegenläufigen Stufenfolgen abgewandelt. Das so entstandene Klinikgebäude galt nach seiner Fertigstellung, 1805, als das schönste Gebäude der Stadt; und es war in der Tat ein stattlicher Bau, dessen repräsentative Wirkung durch den freien Platz zum Neckar hin so sehr unterstrichen wurde, daß noch Jahre später der Architekt des Tübinger Bahnhofs sein »großartiges, zweistöckiges Gebäude« genau parallel zur Burse stehend errichtete; die der Stadt zugewendete Pfeilerhalle der Station korrespondierte mit dem durch den Giebel markierten Mittelteil des neuen Klinikums: eine städtebauliche Maßnahme, die heute – komplettiert durch den zehn Jahre später abermals auf die Achse Burse–Bahnhof bezogenen Kasernenbau jenseits der Gleise – vom Bursaplatz aus, trotz der Zerstörung des Ensembles durch den Europaplatz, noch gut zu erkennen ist.
Das zu seiner Zeit so viel bestaunte neue Krankenhaus, das zunächst aus zwölf Krankenzimmern mit 15 Betten bestand, mußte schon 1810 erweitert werden und umfaßte in der Folgezeit neben der »inneren« Station auch die Chirurgie und die Gebäranstalt. Autenrieth selbst hat sich als Arzt mit der Heilung Geisteskranker beschäftigt und eine eigene, in seiner Klinik viel gebrauchte Gesichtsmaske erfunden, die man dem Patienten während eines Anfalls vor das Gesicht drückte. Der umnachtete Hölderlin ist 1806/07 Autenrieths Patient gewesen und mit dieser Methode behandelt worden.
Das Autenriethsche Klinikum blieb bestehen, bis, um die Mitte des 19. Jahrhunderts, die sich schnell spezialisierenden medizinischen Fächer ihre eigenen Krankenhäuser bekamen. Das noch gar nicht so alte »alte« Klinikgebäude begann langsam wieder zu verfallen. Ehe 1890 die letzte – geburtshilfliche – Abteilung in die neue Frauenklinik umziehen konnte, war im Kreißsaal bereits zweimal die Decke eingestürzt.
Während der nächsten Jahrzehnte fanden Sammlungen und Seminare Unterkunft im notdürftig immer wieder geflickten Gebäude, bevor es schließlich, 1910, den Zahn-

medizinern zugewiesen wurde. Erst als 1967 auch für dieses Fach eine moderne Klinik entstanden war, endete die rund 150 Jahre währende medizinische Ära der Burse. Nach einschneidender Renovierung vor allem des gesamten Gebäudeinneren, bei der auch jene an den Kapitellen mit Flachreliefs verzierten Holzsäulen aus der Zeit Eberhards wieder ans Licht traten, die heute im Untergeschoß zu sehen sind – nach dieser bisher letzten Restauration wurde, knapp 500 Jahre nach Baubeginn, die Burse 1971 wieder an die Nachfolgerin jener Artisten zurückgegeben, für die man sie 1478 gebaut hatte: an die Philosophische Fakultät, der sie heute als Seminargebäude dient.

19 Klosterberg: Blick gegen das Stift Noch einmal der »Klosterberg«, diesmal in umgekehrter Richtung, auf das Stift zulaufend, gesehen. Links vorn die Häuser beim Neckartörlein; hinten, vom Stiftseingang aus rechts an der Klostermauer entlangführend, der Weg, auf dem die junge Frau mit ihrem Kind zum Faulen Eck und zur Neckarhalde emporstieg; hinter der Mauer endlich die Bauten des Stifts, jener württembergischen Pfarrerbildungs- und Geniepflanzstätte, die Herzog Ulrich nach der Reformation, 1536, in den Mauern eines Augustinerklosters errichten ließ, das hier seit dem 13. Jahrhundert bestanden hatte. Der obere und älteste Stiftsflügel, dessen dem Neckar zugewandte Seite über dem viel tiefer gelegenen neuen Bau hervorschaut, enthält die spätgotische Kapelle, deren Chor verschiedentlich als Bibliothek benutzt wurde, ehe er seit 1947 endgültig wieder seiner alten Bestimmung dient. Das Gebäude wurde gegen Ende des 16. Jahrhunderts um zwei Stockwerke erhöht; auch den dreiflügeligen »neuen« Bau, dessen östlicher Trakt heute Haupteingangsseite ist, mußte man im Verlauf der Jahrhunderte durch Erneuerung und Erweiterung dem ständig wachsenden Raumbedarf des Stipendiums anpassen.
Daß umfangreiche Bauarbeiten bei dem hügeligen Gelände nicht leicht durchzuführen waren, leuchtet ein. Um den Schwierigkeiten zu begegnen, behalf man sich bei der großen Erweiterung zu Ende des 17. Jahrhunderts damit, daß man eine eigene Brücke über den Neckar zum Wöhrd hinüberschlug, um das dort gefällte Holz direkt zur Baustelle bringen und die verfaulten Balken (bei deren Freilegung, einem zeitgenössischen Bericht zufolge, sich Heere aufgeschreckter, ihres Domizils beraubter Ratten in die Keller der umliegenden Häuser ergossen) auf dem gleichen Wege abtransportieren zu können. Damals, so wird überliefert, sei auch erst der heutige Haupteingang angelegt worden, der auf gleichem Niveau mit den Untergeschossen der »Arche« liegt.
Diese Gebäude »in der Arch« sind vom Klosterberg aus in ihrer ganzen Höhe erkennbar, während sie zur darüberliegenden Clinicumsgasse hin nur eingeschossig erscheinen. Neuere Forschungen haben erwiesen, daß der Name »in der Arch« oder auch – nur auf das große Fachwerkhaus bezogen – einfach »Arche« nicht Bezeichnung für ein Studentenwohnheim war, wie man lange Zeit vermutete, sondern ursprünglich den einmal mit rotblühendem Dorngestrüpp bewachsenen Hang zwischen Münzgasse und Klosterberg meinte, wobei das tertium comparationis in der Bedeutung des Begriffes »Arch« als »weidenähnliches Geflecht« zu suchen ist.
Das »Arche«-Haus ist aber nicht nur seines Namens wegen interessant: Mit den neun Eingängen zu seinen neun verschiedenen Wohnungen bietet es ein gutes Beispiel für die von Theodor Pistorius beschriebene »Anteils«-Wirtschaft – wahrscheinlich sogar das eindrucksvollste, das es in Tübingen heute noch gibt.

20 Stiftsinnenhof »Es ist auch ein großes Gebäude in Tübingen vorhanden, worinnen jederzeit von 200 biß 250 Stipendiarii in Kost und Logament auf Herrschafftlichen Kosten unterhalten werden. Diese werden zuvor in einem Niederen, nachgehends in einem Hohen Closter in humanioribus informiret, und wann sie nach Tübingen promoviret werden, studieren sie gemeiniglich 3 Jahr die Philosophie, alsdann werden sie Magistri und traktieren die Theologie. Von solchen subjectis werden die Kirchen und Schul-Dienste im Lande besetzt, und ist einem jeden Unterthanen erlaubt, wann er einen zu diesen Studiis tüchtigen Sohn hat, denselben zu dem Studio Theologico, auf Herrschafftlichen Kosten, zu widmen.«
Nun, ganz so einfach wie hier anno 1712 den Lesern des »Europäischen Helicon« glauben gemacht wird, war es nicht, einen Platz in Württembergs Allerheiligstem, dem evangelischen Stift, zu erlangen. Ehe Kepler, Hegel, Schelling, Hölderlin, Herwegh, Mörike, Waiblinger, Vischer, Hermann Kurz und David Friedrich Strauss sich in dem alten Kreuzgang des Augustinerklosters in ihrer knappen Freizeit disputierend ergehen konnten, hatten sie ein hartes Ausleseverfahren zu überstehen: das sogenannte

»Landexamen«. Diese Prüfung war *der* schwäbische Concours, dem, neben der alljährlichen Locierung der Stiftsinsassen, die Aufmerksamkeit der gesamten Intelligenz im »Ländle« galt. Man wußte, von den hundert 12- bis 14jährigen Kandidaten für die niederen Klöster konnten jeweils nur etwa 25–30 aufgenommen werden. »Es war ein harter Kampf«, beschreibt der Jurist und Politiker Friedrich Payer, Sohn des Universitätspedellen und von 1877–1917 Mitglied der Deutschen Demokratischen Partei im Reichstag, die Aufnahmetortur, »zu dessen Vorbereitung uns der berühmte Landexamensdresseur Professor Schaaf zwei Jahre lang fest unter die Fuchtel nahm; freie Nachmittage gab es nicht mehr, Ferien fast keine, wir wurden jämmerlich trainiert.« Kamen sie dann aber ans Ziel, die happy few, die übrigens in ihrer Mehrzahl nicht armer Leute Kind waren, sondern dem Pfarrer- und Beamtenstand entstammten, der die kostenlose Ausbildung seiner Söhne als einen ihm zustehenden Teil seines kläglichen Salärs betrachtete . . ., waren sie aufgenommen in die Klöster von Urach und Blaubeuren, so ergab sich der Rest beinahe von selbst; war der Alumnus begabt und folgsam und empörte sich nicht zu arg gegen Drill und Reglement, so wurde er nach zwei bis drei Jahren in die Höheren Anstalten zu Maulbronn oder Bebenhausen (später Schöntal) promoviert und kam von dort – nach noch einmal so langer Zeit – ins Tübinger Stift. Tat er hier immer noch gut, so waren ihm nach weiteren fünf Jahren die besten Lehr- und Pfarrstellen des Landes sicher – zugewiesen nach der Qualität des Examens: Ia- und Ib-Absolventen hatten ausgesorgt, selbst wenn sie keine der begehrten, mit gut dotierten Reisestipendien verbundenen Repetentenstellen erhielten.

Kein Wunder also, daß diese staatstragenden Geister der Zukunft schon in ihren Studienjahren auf die Kommilitonen der anderen Fakultäten, die nicht kasernierten *oppidani* – die Stadtstudenten – herabsahen, die ihre fachbezogene Ausbildung in einem Alter abschließen mußten, da die auserwählten Bewohner des »grauen Ungeheuer am Neckar« (wie der Stiftler und nachherige Diplomat in napoleonischen Diensten, Karl Friedrich Graf Reinhardt, das Stipendium einmal genannt hat) gerade mit dem »eigentlichen« Studium, dem der Theologie nämlich, beginnen durften.

Sie verdankten dieses Privileg der weitschauenden Bildungspolitik der ersten nachreformatorischen württembergischen Herzöge, die erkannt hatten, daß »man zwar gute ingenia bey der Universität« habe, allein, wenn man sie einmal zu brauchbaren Dienern des Staates machen wolle, »dieselben pflanzen, aufrichten und erbawen« müsse. Das Reglement allerdings, das der Erziehung dieser Elite diente, war streng, sowohl hinsichtlich des Tagesablaufs und Lehrplans als auch in bezug auf die Kleidung. Sommers wurde um 5 Uhr, winters um 6 Uhr geweckt. Zweimal täglich (später dreimal) gab's Essen: mittags um 11 und abends um 6 Uhr, »wobei sich jedesmal ein studiosus im Predigen übte«. Beim Arbeiten teilten sich um 1800 ca. 120 Stipendiaten die 13 heizbaren Studierzimmer; die Schlafräume waren kalt, »zum Teil unter dem Dache, so daß im Winter Schnee auf die Betten fallen mochte«. Die uniforme Kleidung bestand bis in die Mitte des 19. Jahrhunderts aus einem Anzug, »schwarz mit Priesterläppchen«, über den beim Ausgehen »ein kleiner schwarzer Mantel« getragen wurde. Feiertags hingegen trug man, wie Robert von Mohl, dessen Bruder Stiftler war, erzählt, »Frack und kurze Beinkleider, weiße Überschläge, ein Mäntelchen und einen dreieckigen Claque-Hut, welch letzterer freilich in der Regel nur aus einem Stück halbrund zugeschnittenem Filz bestand«. Übertretungen der vielfältigen Vorschriften wurden streng geahndet, wobei die Strafen vom Entzug des mittäglichen Tischweins bis zur Relegation reichten.

Man sieht, verweichlicht wurde sie nicht, Württembergs jeunesse dorée. Aber es waren gerade die nicht nur äußerlich harten Bedingungen, die in denen, die nicht daran zerbrachen (und es zerbrachen viele) neben lebenslang währenden Freundschaften auch jenen Corpsgeist und uniformen intellektuellen Habitus ausbildeten, der jahrhundertelang die Kader schwäbischer Pfarrer und Lehrer prägte, auf denen neben der geistlichen auch die weltliche Ordnung des Landes beruhte.

Wer heute das Stift betritt, spürt nichts mehr von alledem. Das Leben ist freizügig geworden – auch innerhalb der Mauern des Klosters; der feste Studienkurs ist aufgelöst. Das Wichtigste aber: Die festgefügte Männergesellschaft ist durch die Aufnahme weiblicher Alumnen gesprengt.

21 Clinicumsgasse: Blick gegen die Burse Die Clinicumsgasse ist das hangaufwärts parallel zur Bursa- und Münzgasse verlaufende Sträßchen, das offenbar erst im Zuge der Bebauung des Hangs nach der Universitätsgründung angelegt wurde. Der Weg ist auch heute nur von der

Neckargasse aus befahrbar. Er führt unter dem Gebäude der alten Aula hindurch, läßt den kleinen hortus medicus bergabwärts liegen und endet an den schmalen, steilen Staffeln, die vom Klosterberg, an den Häusern »in der Arch« vorbei, zur Münzgasse emporführen. Sein Zweck war es, den neu errichteten Gebäuden einen Zugang in ihre oberen Stockwerke zu verschaffen, die vom Niveau der Gasse aus gesehen wie kleine, einstöckige Katen erscheinen, obwohl sie – zur Bursagasse und dem Klosterberg hin noch zwei oder drei Stockwerke mehr aufweisend – in Wahrheit stattliche Bauten sind.
Bergaufwärts begleiten die Clinicumsgasse hohe Stützmauern, die ihr trotz des grünen Bewuchses etwas Schluchtartiges geben. Man hat diese auffälligen Mauern verschiedentlich als Relikte der alleräItesten Siedlungsbefestigung erklärt. Die Annahme lag nahe, weil es sich bei den auf diesen Stützwänden aufliegenden – zur Münzgasse gehörigen – Höfen und Häusern in der Tat um die ältesten erkennbaren Reste der vorstädtischen Tübinger Marktsiedlung handelt. Trotzdem war die Hypothese, wie Jürgen Sydow gezeigt hat, falsch. Die Mauern wurden lediglich als Abstützvorrichtung für die Clinicumsgasse erbaut. Sie haben mit der Standsicherheit der bergwärts liegenden Münzgassenüberbauung als dem Kern des ältesten Tübingen nichts zu tun.

22 Neckarfront vorm Stift Die Neckarfront, Tübingens malerische, »nur manchen Apenninstädten vergleichbare Schauseite, wo sich die Häuser in tollem Wirrwarr übereinander auftürmen, mit einer Keckheit, deren nur die Renaissance fähig ist« (Robert Gradmann): In der Tat, sie ist, seit Vallegio e Rota, sowie Braun und Hogenberg im 16. Jahrhundert die ersten Südansichten der Stadt in ihre Platten ritzten, zum romantischen Inbegriff Tübingens geworden, eine Kulisse, an die jeder, der einmal hier war, zuerst denkt, wenn er den Namen hört, und der in der Erinnerung jener vielen fortlebt, die sich zeitlebens nach dem locus amoenus ihrer Jugendjahre zurücksehnten. »Noch heute«, schreibt Isolde Kurz, »wenn ich mir eine ideale Stadt in Gedanken baue, mit solchen kühnen Terrassen, solchen sich überschneidenden Dächern, steigt sie nach einem stillen Fluß hinunter. Einen schwingenderen Rhythmus als die Straßenzüge Tübingens habe ich nirgends gefunden.«
»Die alten Häuser stehen noch«: ganz unten, im alten Zwingel am Neckar, die Gebäude des Neckarbades; darüber, mit etwas vorspringendem hohen Fachwerkgiebel, das renovierte »alte Ephorat« samt ehemaligem Stiftstorhäuschen; noch eine Terrasse höher die zweigeschossig ausgebauten Dächer der Häuser »in der Arch«, und schließlich, ganz oben, die Rückfronten der Münzgassengebäude. Das Fähnchen gehört zum alten »Waldhorn«, dem jetzigen »Hospiz« in der Neckarhalde am Faulen Eck. Das »Übereinandergeworfene« der stufenförmig zur Höhe zwischen Schloß und Stiftskirche ansteigenden Häuser wird deutlich – auch die beherrschende Lage des »grauen Ungeheuer« auf halber Höhe. Der alte längsstehende Nordflügel zeigt seine nachreformatorische Aufstockung über der Kapelle, der untere, rechtwinklig angrenzende Eingangsbau – Teil der neueren, um das Kreuzgangsgeviert herumgebauten Flügel – die klassizistische Fassade des 18. Jahrhunderts.
Der Reiz der Tübinger Neckarfront – das zeigt sich hier deutlich – steht und fällt mit dem gewachsenen Ensemble der Gassen und Häuser, nicht zuletzt auch mit Art und Bedeckung ihrer Dächer. Wird nur ein Teil herausgebrochen, verändert sich der Charakter des Ganzen. Der frühe Versuch Tübinger Bürger, dieser Tatsache durch eine Stadtbildsatzung Rechnung zu tragen, wurde bereits erwähnt. Interessant ist in diesem Zusammenhang, daß man schon damals, 1907, von dem gleichen Grundsatz ausging, der auch die heutigen Bemühungen um Erhaltung und Sanierung des vielfältigen und vielgliedrigen Baubestands leitet: Schutz der Gesamtwirkung durch »erhaltende Erneuerung« des Details, nicht mit dem Ziel, ein zweites Rothenburg zu schaffen – im Gegenteil, in der Hoffnung, dadurch im weitesten Sinne »öffentliches« Leben in die Altstadt zurückzuholen . . . zurückzuholen in Gassen, Plätze und Häuser, in denen wieder, wie in früheren Jahrhunderten, gewohnt und geschafft, studiert und gelehrt, diskutiert und gebummelt, gespielt und zugeschaut werden kann.

23 Stocherkähne vorm Hölderlinturm »Will einer wohnen / so sei es an Treppen / und wo ein Häuslein herabhängt / am Wasser, halte dich auf . . .«
Wie vielen Besuchern mögen diese Zeilen einfallen, wenn sie, von der Platanenallee aus, den weidenbestandenen, von Weinlaub umrankten Turm an der Tübinger Neckarfront erblicken – in der Mitte zwischen Stift und Kirche,

unten am Wasser gelegen –, den letzten Aufenthaltsort des kranken Dichters.
Hier hat er gewohnt, 34 Jahre lang, von 1809 bis zu seinem Tode, 1843, betreut von der Familie Zimmer, deren Oberhaupt, der Schreinermeister, die in Nürtingen lebende Mutter von Zeit zu Zeit vom Ergehen des Sohnes unterrichtete und das Kostgeld mit ihr abrechnete. Hier hat er seinen Besuchern, wenn sie es wünschten und ihm Papier gaben, gereimte Zeilen als Souvenir geschrieben, »jedoch ohne Sinn«, wie Wilhelm Waiblinger erzählt, und mit »unangenehmem Klappern seiner langgewachsenen Nägel«. An guten Tagen saß er hier am Fenster seines »kleinen, geweissneten, amphitheatralischen« Zimmerchens im ersten Stock und las im »Hyperion«; wenn's schlecht um ihn stand, ging er nächtens ruhelos auf den knarrenden Balken umher, wartete, daß Tag würde und jemand käme, um ihn ins Freie zu führen: in das Zwingelgärtlein, wo er sich »halbe Tage damit beschäftigte, Gras auszureißen«, oder aber zu einem Spaziergang in die Weinberge und auf den Österberg, wo er sich in einem Gartenhäuschen, »demselben, in dem Wieland die Erstlinge seiner Muse niederschrieb«, an der Aussicht »über grüne, freundliche Thäler . . ., lachende Dörfer und die Kette der Alb« freuen konnte.
Wilhelm Waiblinger, der jung in Italien gestorbene relegierte Stiftler, dem wir diese Auskünfte über den Kranken verdanken, hat eine Beschreibung des Umnachteten hinterlassen, die hier noch einmal zitiert werden mag:
»Heut besuchte ich ihn [. . . und traf einen] Mann, der seine Hände in den nur bis zu den Hüften reichenden Hosen stecken hatte und unaufhörlich vor uns Complimente machte. Die schreckliche Gestalt brachte mich in Verwirrung. Ich trat auf ihn zu . . . Hölderlin lehnte seine rechte Hand auf einen an der Thüre stehenden Kasten, die linke ließ er in den Hosentaschen stecken, ein verschwitztes Hemd hieng ihm über den Leib und mit seinem geistvollen Auge sah er mich so mitleids- und jammerwürdig an, daß mirs eiskalt durch Mark und Bein lief. Er redete mich nun Eure königliche Majestät an und seine übrigen Töne waren theils unartikulirt, theils unverständlich und mit Francösisch durchworfen. Ich stand da, wie ein Gerichteter, die Zunge starrte, der Blick dunkelte, und mein Inneres durchzuckte ein furchtbares Gefühl. O vor sich den genialischsten, geistreichsten Mann, die grösseste, reichste Natur in ihrem grässlichsten Falle zu sehen – einen Geist, der vor zwanzig Jahren die Fülle seiner Gedanken so unaussprechlich zauberartig hinhauchte, und alles anfüllte mit der Tiefe seines dichterischen Strudels, und der jetzt keine einzige klare Vorstellung, auch nicht von den unbedeutendsten Dingen hat – o sollte man da nicht Gott anklagen? . . . Seit 6 Jahren geht er den ganzen Tag in seinem Zimmer auf und ab und murmelt mit sich selbst, ohne irgend etwas zu treiben. Bey Nacht steht er oft auf und wandelt im Haus umher, geht auch oft zur Thüre hinaus; sonst machte er mit seinem Tischler Ausgänge oder schrieb alles Papier, das er zur Hand bekommen konnte, voll mit einem schaudervollen Unsinn, der aber dann und wann einen unendlich sonderbaren Scheinsinn hat. Ich bekam eine Rolle solcher Papiere und traf hier ganz metrisch-richtige Alcäen ohne allen Sinn an. Ich erbat mir auch einen solchen Bogen. Merkwürdig ist das, nach Pindarischer Weise, oft wiederkehrende: nehmlich – er spricht immer von Leiden, wenn er verständlich ist, von Oedipus, von Griechenland. Wir schieden, wie wir die Treppe hinabgiengen, sahen wir ihn durch die offene Thüre noch einmal, wie er auf und ablief. Ein Grausen durchschauerte mich; mir fielen die Bestien ein, die in ihrem Käficht auf und ab rennen, wir liefen betäubt zum Haus hinaus.«
Das Haus, von dem Waiblinger erzählt, gibt es nicht mehr. Es wurde im Dezember 1875 durch ein Feuer bis auf die Grundmauern zerstört. Das neue Gebäude, das man bald darauf an seiner Stelle – wiederum auf den Fundamenten des alten Ringmauer-Wachturms stehend – errichtete, zeigt statt des alten polygonalen einen Rundturm, in dessen Schatten man sommers kleine Badehütten aufstellte, während man im Raum des Erdgeschosses ein »Hölderlinzimmer« einrichtete, um es den Besuchern, die bald in großer Zahl hierher wallfahrteten, als Wohnung des Dichters zu zeigen.
1921, als das Anwesen verkauft werden mußte und die Gefahr bestand, daß damit das Hölderlinhaus pietätloser Willkür preisgegeben würde, entstand der Plan, den Turm für die Allgemeinheit zu erwerben und zu einer dauernden, würdigen Gedenkstätte umzugestalten . . . ein Vorhaben, das mit Hilfe der aus ganz Deutschland eingehenden Spenden verwirklicht werden konnte. Heute befindet sich hier – neben der Schausammlung in den mit Möbeln der Hölderlinzeit karg ausgestatteten Räumen eine kleine, von Stadt und Hölderlingesellschaft gemeinsam unterhaltene »Galerie«, die in wechselnden Ausstellungen Bilder lebender Künstler zeigt, deren Werk sich mit Hölderlin auseinandersetzt. Lesungen von Poeten sollen folgen an

diesem, von Stephan Hermlin in Waiblingers Nachfolge beschriebenen »hübschen Platz neben der Weide«, »in diesem Turm neben dem Landeplatz der Stocherkähne, hart unter dem Stift, in dem *er* mit Hegel und Schelling seine Studien trieb«.

24 Das Silcherdenkmal in der Platanenallee Von Hölderlin zu Silcher, das ist – unter chronologischen Aspekten – nur ein kleiner Schritt: Beide, Poet und Musiker, lebten ungefähr um die gleiche Zeit (Hölderlin 1770–1843, Silcher 1789–1860); beide verbrachten nahezu ein halbes Jahrhundert in Tübingen, beide fanden hier, nah beieinander, ihre letzte Ruhestätte.
Doch damit enden die Gemeinsamkeiten. Silcher kam 1817 als Universitätsmusikdirektor nach Tübingen, das durch ihn, um die Jahrhundertmitte, zum musikalischen Zentrum Württembergs werden sollte und wo – eine letzte Beziehung – in Hölderlins Todesjahr, 1843, im Schloßhof das erste große Sängerfest stattfand.
Lied und Chorgesang waren Silchers Domäne; die Gründung des Stiftskirchenchors, eines Oratorienvereins und der akademischen »Liedertafel« – der Silcher auch an Hölderlins Grab als Dirigent vorstand – sind Ausweis einer Tätigkeit, die Tübingen den Beinamen »Wiege des deutschen Volkslieds« eintrug – eine Bezeichnung, die damals sicherlich dem genius loci gerecht wurde: Uhland, Kerner, Schwab, Hermann Kurz, Mörike und Hauff lebten fast gleichzeitig hier, und mit ihnen allen verband Silcher eine Freundschaft – die Vertonung vieler ihrer Gedichte bezeugt es.
Neben den Bemühungen um die Liedtradition standen die Tätigkeiten als »Lehrer der Harmonielehre und des Tonsatzes« und als Leiter großer Oratorienaufführungen mit Werken von Händel, Haydn und Mozart sowie zeitgenössischer Komponisten, beispielsweise Mendelssohns. Aber Silcher dirigierte auch die Marseillaise, als die »Liedertafel« im August 1830 den Sieg der französischen Freiheitskämpfe während der Juni-Revolution feierte.
All dies bedenkend, steht man einigermaßen ratlos vor dem monumentalen Denkmal in der Platanenallee. Erst ein Blick auf das Datum der »Grundsteinlegung« – eine solche hat tatsächlich, noch dazu in feierlichem Rahmen mit viel Chorgesang und großen Worten von der »Ehrenstätte deutschen Sängertums« im »Dom der Platanen« stattgefunden – schafft Klarheit: Der 25. Juli 1939, der 150. Geburtstag des als »schwäbische Nachtigall« apostrophierten Komponisten, ist der Tag, an dem, Zeitungsberichten zufolge, die Aufstellung des Denkmals für den darauffolgenden Herbst angekündigt wurde.
Gottlob verzögerte sie sich ein wenig, aber seit dem Frühsommer 1942 verunziert der Koloß Tübingens einzige noch erhaltene Allee; und der in der Stadtgeschichte bewanderte Betrachter fragt sich etwas wehmütig, warum denn an der Stelle dieser vielköpfigen Scheußlichkeit (dem komponierenden Silcher wächst ein stahlbehelmter Soldat aus dem Rücken) immer noch nicht wieder der alte Obelisk von 1874 steht, den man, im April 1930, vor den Umbauarbeiten an der Neuen Aula, vom »Silcher-Wäldchen« hinter dem Gebäude hierher brachte, um ihn vor dem Untergang zu schützen, und der dann schließlich doch der Übermacht nationaler Gefühle weichen mußte.

25 Tübinger Gräber Wer wissen will, was Tübingen war, muß über seine Friedhöfe schlendern und die Grablegen und Totengedenkstätten aufsuchen, die sich verstreut in Kirchen und Kapellen befinden. Viele Denkmäler sind untergegangen im Laufe der Zeit, da der Begräbnisplatz sich immer weiter von den Kirchen entfernte, um – das erste Mal im 16. Jahrhundert – an den Stadtrand zu rücken, auf die große Bleiche hinter der Mauer zunächst, wo das Adelskolleg seinen Reitplatz hatte. Ein Gottesacker für drei Jahrhunderte: Als die Stadt sich ausdehnte und die Universität einen botanischen Garten brauchte, ließ man den Friedhof auf, bezog seine schönsten Steine und Denkmäler in die neue Anlage ein und legte – abermals weit vor den letzten Häusern, in idyllischer Landschaft am Fuß des »Elysiums« – einen neuen Totengarten an: den jetzigen »Stadtfriedhof«.
Hier liegen seit 1829 Tübingens Bürger, begraben in der Reihenfolge ihres Todesjahres. Nach gebührender Zeit löste man ihre Gräber auf und belegte sie neu; die Grabsteine und Kreuze gingen wiederum verloren – mit Ausnahme jener Denkmäler zu Ehren bekannter Persönlichkeiten, Friedrich Hölderlin allen voran, die schon früh den Charakter von Wallfahrtsstätten erhielten, zu denen man von weither pilgerte – Gedenkstätten, deren Bild entweder die Verstorbenen selbst vorweg bestimmt (Uhland: »Setzt mir nur einen blanken Stein, / Nicht Bilder drauf, noch Worte drein; / Doch sollt ihr ihn nach Osten kehren, / Es wird ihn Morgenrot verklären«) oder die Angehörigen liebevoll

entworfen hatten: »Auf dem Friedhof«, schreibt Isolde Kurz über das Grab ihres Vaters, des Schriftstellers, Bibliothekars und alten Achtundvierzigers Hermann Kurz, »war unterdessen das Denkmal nach meinen Wünschen aufgerichtet worden: inmitten einer schönen Tannengruppe stand auf hohem Sockel die trauernde Muse, die mit ihrem Lorbeer so viel Unverstandensein zu vergüten suchte. Auf der Vorderseite des Sockels blieb zunächst noch ein Raum frei, den [Bruder] Erwin später mit einem Reliefbildnis unseres Vaters in Terrakotta ausfüllte. Das Denkmal hatte zusamt den Nebenausgaben die tausend Gulden meines ersten großen Honorars verschlungen, und ich ging mit leeren Händen, aber mit der unverwüstlichen Zuversicht der Jugend in mein neues Leben hinein.«

Auch dieser Friedhof ist mittlerweile für die schnell wachsende Stadt längst zu klein geworden, so daß noch einmal – zum vierten Mal – ein neuer Grabplatz gefunden werden mußte. Diesmal ging es weit nach Süden hinaus, auf den Galgenberg, auf dem der schwäbische Pfarrer und Albwanderer Friedrich August Köhler sich noch 1790 an die alte Richtstätte erinnerte, die »erst im vorigen Jahr weggenommen wurde«.

Der dort oben nach dem Zweiten Weltkrieg angelegte Soldatenfriedhof wurde – zum »Bergfriedhof« erweitert und, wie seine Vorläufer, parkartig angelegt – seit der Mitte der fünfziger Jahre zum Hauptbestattungsort der Tübinger. Hier ruht, Seit an Seit mit berühmten Tübinger Professoren wie Wolfgang Schadewaldt, Ludwig Raiser oder Hans Rothfels, der Anwalt des Prinzips Hoffnung, Ernst Bloch, neben dem Revolutionär der Gewaltlosigkeit, Hartmut Gründler, der mit seinem Tod ein Zeichen setzen wollte: gegen den Wahnwitz der Rüstung und die Zerstörung einer menschenwürdigen Welt.

26 Münzgasse 18: Portal »Besonders aber unterscheidet sich die Münzgasse, die im oberen Theile der Stadt nach der Neckarseite liegt. Sie war im Jahre 1781 die einzige schöne Straße in Tübingen, so, daß man sich dünkte, da in einer ganz andern Stadt zu seyn. Sie hat mehrere gut gebaute Häuser, die von außen neu angestrichen und mit bessern Fenstern versehen sind, als man sie sonst hier findet . . . Die Münzgasse ist auch reinlicher als die übrigen Straßen, wenigstens findet man daselbst keine Misthaufen. Auch hat diese Seite der Stadt eine freyere und heiterere Aussicht als der untere Theil, nämlich nach dem Neckar und den umliegenden Bergen.«

Die hier von dem Berliner Aufklärer Friedrich Nicolai in Erinnerung an seine 1781 in Tübingen verbrachten Tage so nachdrücklich aus dem sonstigen Ambiente der Stadt mit der »höchst unbequemen Lage« herausgehobenen Münzgasse ist eine der ältesten Straßen – und seit jeher wohl wirklich eine der schönsten. Nicolai hatte recht, wenn er sie von den übrigen »äußerst unebenen«, »krummen«, »engen«, »schlecht gepflasterten«, »unreinen«, »des Abends gar nicht erleuchteten« Gassen unterschied, in denen vor den Häusern »in aller Regel große Misthaufen« lagen.

Hier, in Tübingens Prachtstraße, hatte sich schon 200 Jahre vor der Universitätsgründung die pfalzgräfliche Münze befunden, in der der sog. »Tübinger Pfennig« geprägt wurde. Dieses Geldstück aus dem Silber der Nagolder Gruben des Fürsten, das als Zahlungsmittel zwischen Donau und Schwarzwald bereits im 12. und 13. Jahrhundert in Umlauf war, läßt den Rückschluß auf eine frühe Marktsiedlung im Schatten des Tübinger Schlosses zu, deren wichtigste Straße – Verbindung zwischen der Burg, dem Fronhof (am »Höfle«) und der Kapelle, die sich an der Stelle der heutigen Stiftskirche befand – die Münzgasse gewesen ist.

Hier lag, gegenüber der Münze, auch der erste Marktplatz, und es spricht für die Bedeutung des frühen Fleckens, daß zahlreiche Edelleute des umliegenden Landes sich gerade an dieser Stelle ihren städtischen Wohnsitz erbauten.

Eine »Straße des Adels« ist die Münzgasse in ihren wesentlichen Teilen auch nach der Universitätsgründung geblieben, aber nicht mehr ausschließlich. Der Nobilität erwuchs eine machtvolle Konkurrenz, sichtbar in den Gebäuden der Alten Aula und des sog. »Kollegiums« (heute Münzgasse 22), in dem ein Teil der ersten Professoren (»collegium«) in gemeinsamer Haushaltung lebte, und wo sich außerdem ein großer Saal für Zusammenkünfte, Disputationen, Prüfungen und akademische Feierlichkeiten befand, sofern diese nicht, wie in den ersten Jahrzehnten häufig, im Chor der Stiftskirche stattfanden, dort, wo heute die Fürstengräber sind.

Bevor Eberhard das »Kollegiums«-Haus für seine von Sindelfingen als Professoren nach Tübingen versetzten Chorherren erwarb, hatte es dem Kloster Bebenhausen gehört. Ein dem Bebenhäuser Abt verwandter Chorherr war es auch, dem die Universität das benachbarte Anwesen (heute Münzgasse 20) abkaufte, um hier ein zweites Kollegiengebäude zu errichten – das sog. »Fakultätshaus«, mit dem heute noch zu besichtigenden Karzer und dem juristischen Hörsaal. Den beiden Gebäuden gegenüber lag (Münzgasse 11) das Haus des Stiftskirchenpropstes und Universitätskanzlers (beide Ämter befanden sich von 1477–1819 in einer Hand).

Doch damit endet der Besitz der Hohen Schule in der Münzgasse; sie hatte den Adel also keineswegs gänzlich verdrängt; im Gegenteil zeigt gerade die Geschichte vieler Münzgassenanwesen, wie sehr sich im Verlauf der nächsten Jahrhunderte universitäres und städtisches Leben durchdrangen. Das Haus des Medizinprofessors Widmann (Münzgasse 9) ging später in den Besitz der adligen Familie Leutrum über – andere Anwesen bezeugen den Wechsel vom Adel zum Professoreneigentum.

»Truchseß 1490« steht, in Stein gemeißelt, an dem Gebäude, das noch die alte Hausnummer B 18 aufweist und damit verdeutlicht, daß es bei der Vorbereitung der Reichstagswahlen von 1877 dem zweiten der vier Tübinger Wahlbezirke, nämlich der Region B zugeteilt wurde. »Truchseß 1490« (die halbe Acht ist als Vier zu lesen), das meint: Hier baute Ludwig Truchseß von Höfingen anstelle eines im Jahr zuvor abgebrannten Anwesens 1490 sein neues Wohnhaus. Ludwig Truchseß, über seine Frau dem Rittergeschlecht der Megenzer von Felldorf verwandt, das bereits mehrere Grundstücke in der Münzgasse besaß, vertrat – neben den beiden Chorherren Johann Vergenhans (Nauclerus) und Johannes Heckbach – den dritten kirchenrechtlichen Lehrstuhl.

Im 17. Jahrhundert ging das Haus in bürgerlichen Besitz über, seit 1827 gehört es der sog. »Köllesche Familienstiftung«; nicht zu verwechseln mit der Koelleschen Sammlung, dem 52 nicht unbedeutende Gemälde des 16.–18. Jahrhunderts umfassenden Legat des Stuttgarters Christoph Friedrich Karl von Koelle, der zwischen 1827 und 1833 Württembergischer Geschäftsträger am Heiligen Stuhl war und über seinen Kunstnachlaß zugunsten »eines Nationalmuseums« verfügt hatte, »welches hoffentlich einmal errichtet werden wird«. Bis zur Gründung dieses Nationalmuseums jedoch möge die Universität die Bilder »womöglich an feuersicherm Ort aufbewahren« und sie »dem Publikum sichtbar und in gutem Stand halten«.

27–29 Münzgasse 14/16: Portal, Innenhof und Garten Das schönste Anwesen in der Münzgasse ist heute zweifellos das »Schlößle«, d. h. der Komplex der Häuser 14 und 16. Diese beiden Gebäude gehörten schon zu Ausgang des 15. Jahrhunderts zusammen: Auf dem Grundstück Nr. 14 befand sich – ab 1489 bezeugt – die Scheuer des »angesehenen Ritters« Hans Konrad von Fürst, dessen Wohnhaus das Gebäude Nr. 16 war. Das Portal mit der Jahreszahl 1548 und den zwei Wappen gibt die Besitzverhältnisse an, die allerdings, wie Reinhold Rau gezeigt hat, aufgrund des farblich verkehrt erneuerten linken Signets (silberner Sparren auf schwarzem Feld) lange Zeit falsch interpretiert wurden. Die Bezeichnung »Ehinger Hof« trifft also nicht zu – es ist inzwischen längst erwiesen, daß die Herren von Ehingen (Wappen: goldener Sparren auf schwarzem Feld) niemals Besitzer des Anwesens waren. Das linke Wappen, farblich richtig »gelesen«, nämlich: Silberner Sparren auf blauem Grund, deutet indes auf Hans Konrad von Fürst, das rechte (auf rotem Grund ein goldener Querbalken mit einem goldenen Stern darüber) auf seine Frau, Anna von Neuneck.

Den ursprünglichen Charakter des Anwesens haben die heutigen Gebäude, wenn auch mit einigen Um- und Anbauten, bewahrt. Das mächtige Herrenhaus mit großzügigem, klassizistisch erneuertem Treppenhaus hat in Richtung auf die einstige Scheuer (die heute zum Wohnen ausgebaut ist) einen geräumigen Innenhof, in dessen Mitte ein großer Walnußbaum steht. Remise und Brunnen sowie die Wirtschaftsgebäude aus dem 18. Jahrhundert sind noch erkennbar.

Als »Gedoppelte Behausung« wurde dieser Besitz, nach dem Übergang in Bürgereigentum, anno 1715 beschrieben: »mit 9 Stuben, ziemlich Kammern, gutem Keller und Vorkeller, feiner Stallung, Höflen, Sommerhäuslen, Waschgerechtigkeit und feinem Küchengarten«, im Besitz des Professors Ferdinand Harpprecht, und 50 Jahre später ist von einem vierstöckigen Wohnhaus die Rede »mit einstöckigem Nebengebäude« (der alten Scheuer) – gleichfalls Professoreneigentum in der Nachfolge der Harpprecht-Dynastie.

Ob der oben erwähnte »feine Küchengarten« mit dem verwunschen wirkenden Gärtchen identisch ist, das sich unterhalb des den Hof nach Süden abschließenden Längsgebäudes bis zum Rand der großen Clinicumsgassenmauern erstreckt und diesem aufliegt, ist nicht mit Sicherheit zu sagen. Auf jeden Fall bietet das »Schlößle« wohl das einzige erhaltene Beispiel für jene Höfe, die einmal in ihrer Vielfalt ein Charakteristikum Tübingens ausmachten – und die die Stadtplaner von einer »Hofkultur« sprechen lassen, die es wieder zu entdecken und sichtbar zu machen gelte.

30 Bacchantin am Tübinger Rathaus Das sog. »Rebmännle«, durch Traube und Weinblatt als eine Huldigung an den Schutzheiligen des Weinbaus, St. Urban, erkennbar, wurde nach einer Veränderung der Fassade im Jahre 1849 an der jetzigen Stelle angebracht.
Die Figur selbst ist jedoch wesentlich älter. Sie stammt, der Stadthistoriker Josef Forderer hat es nachgewiesen, aus dem 16. Jahrhundert und gehört – als Bacchantin antike Mythen evozierend – in den Umkreis jener Bacchanalien, die alljährlich zur Fasnachtszeit in Tübingen stattfanden und der Universität – wie der Professor Martin Crusius in seinen Diarien vermerkt – große Sorgen bereiteten. Studenten, die an der allgemeinen Ausgelassenheit teilnahmen, wurden in den Karzer geworfen, und auch der Magistrat sah sich wiederholt veranlaßt, die jungen Stadtburschen, die sich »Narro, Narro« schreiend zu Umzügen zusammenfanden, zu ermahnen.
Statt dessen lud die Stadt zu einem großen Aschermittwoch-Bankett auf das Rathaus ein – und was die Weingärtner anging, so begingen sie das weinträchtige Fest in den Spuren jener antiken Dionysos-Bacchus-Jünger, die zur Zeit der Lese in festlichen Umzügen ihrem Gott die Ehre gaben. Jetzt freilich war's Aschermittwoch und die heidnischen Bacchanten bestanden aus christlichen Gôgen: »An der Spitze wurde ein Kreuz getragen, an deren einem Arm eine Bretzel, und am anderen ein Hering, obenauf aber eine Flasche baumelten. Im Festkleid folgten die Weingärtner mit Bütten und Hauen, hinter den alten in zwei Haufen die jungen, an die Enden eines langen Seiles verteilt, an dem sie sich hin- und herzerrten und ihre Kräfte erprobten. Dadurch sollte der Weinbau versinnlicht werden, seine Rückschläge und die guten und schlechten Jahre.«
Das Bild der ausgelassenen Bacchantin trügt: Weinbau war ein hartes Geschäft. Darüber täuschten auch die Bacchanalien in Tübingens Straßen nicht hinweg: »der Teuffel hat hie dise Fasnacht geregieret«, schrieb Martin Crusius am 17. 3. 1590 in sein Tagebuch.

31–33 Der Marktplatz »Lieb war ihm auch der Blick von den Fenstern nach dem alten Marktplatz: uns gegenüber das ehrwürdige Rathaus mit seinem Storchennest auf dem abschüssigen Giebeldach und den zu jener Zeit noch nicht aufgefrischten Wandbildern, davor der schöne, altertümliche Neptunbrunnen und rings auf den leichtgesenkten Platz mündend die düsteren, gekrümmten, steil abfallenden Gassen; das alles bot ein einheitliches höchst eindrucksvolles Bild, das man nicht so leicht vergessen wird. Hier fand zweimal wöchentlich der Gemüsemarkt statt, wo die weibliche Jugend mit kleinen Körbchen am Arm und sittig von den Müttern begleitet, von der umherschlendernden Studentenschaft in Augenschein genommen wurde; im Frühjahr und Herbst aber zog die große Messe die ganze Stadt- und Landbevölkerung auf diesen Raum zusammen, und es war ein fröhliches Bild, wie sich die Steinlachbauern in ihren langen Leinwandschößen und die hübschen Bauernmädchen mit rotem Mieder und langen blonden Zöpfen, das kokette Mützchen schief auf dem Kopf, zwischen der dichtgekeilten Bürger- und Studentenschaft hindurchdrängten.«
Der von Isolde Kurz liebevoll beschriebene Tübinger Marktplatz ist in seiner Anlage das Ergebnis einer künstlichen Planierung, durch die man bereits im Mittelalter das Areal für jenes Ensemble geschaffen hatte, das – ab 1907 durch stadtplanerische Vorschriften vor willkürlicher Zerstörung geschützt – von jeher als Tübingens »gute Stube« galt, ja, einige Schönheitsfehler durch verputztes Fachwerk und »allzu helle Farben« abgerechnet, zu Ende des vorigen Jahrhunderts sogar als ein Platz bezeichnet wurde, der durch seine »wohltuende Einheit« zu den »interessantesten in Deutschland« zu zählen sei.
Sein heutiges Aussehen hat der Markt wohl nach dem Stadtbrand von 1540 erhalten, in dessen Verlauf 69 Häuser vernichtet wurden; jedenfalls hat man bei späteren Grabungsarbeiten vor den jetzigen Häuserzeilen Reste von Mauerzügen und Kellern entdeckt, die auf einen kleineren Platz hinweisen und außerdem den Schluß zulassen, daß die Nordseite einmal die bevorzugte Wohnlage gewesen ist: Die Größe der Grundstücke deutet auf wohlhabende Bürger der Oberschicht.
In dieses Bild passen die seit dem 16. und 17. Jahrhundert hier bestehenden und in ihren Fachwerkaufbauten vor wenigen Jahren wieder freigelegten Apotheken ebenso wie das große Handelshaus an der Ecke zum Rathaus hin und das stattliche »Lamm«, dessen Geschichte seit dem

16. Jahrhundert durch viele berühmte Wirte geprägt wurde: von dem Pfarrerssohn und ehemaligen Stiftler Johannes Mockel (dessen Weine und Kochkünste Tübingens Gewährsmann für das 16. Jahrhundert, Martin Crusius, ebenso detailliert wie genießerisch aufführt), über die Dynastie der Familie Steeb bis hin zu jenem Friedrich Bayha, den die Tübinger Nationalliberale Partei während der Kaiserzeit in den Reichstag entsandte.
Mittelpunkt des Marktes ist seit dem 17. Jahrhundert der 1617 von Heinrich Schickhardt nach florentinischem Muster entworfene Neptunbrunnen, um den es zu Beginn unseres Jahrhunderts eine erregte Debatte gab, als die Frage »Restaurierung oder Ersetzung durch ein neues Kunstwerk« hieß. Damals siegten die Anwälte einer »erhaltenden Erneuerung«, sogar gegen das Votum des in der Stadt hochangesehenen Kunsthistorikers Konrad Lange, der, selbst in einem Pankok-Jugendstilhaus auf halber Höhe über der Stadt wohnend, mit Nachdruck für eine moderne Lösung plädierte. Vergebens, es blieb alles beim alten . . . nicht zum Nachteil jenes Platzes, auf dem (wenn auch inzwischen neu gegossen) heute wie vor 300 Jahren Neptun mit seinem Dreizack das Rathaus bewacht.
Dieses Rathaus, das den Marktplatz nach Westen hin begrenzt, wurde um die Mitte des 15. Jahrhunderts erbaut; das genaue Datum kennt man nicht, da es sich nicht um einen *Neu*bau, sondern um den *Um*bau eines vor 1433 von der Stadt erworbenen Gebäudes handelte, das die bis dahin verstreuten Verkaufs-, Vorrats- und Verwaltungsräumlichkeiten zusammenfassen und dem unter freiem Himmel tagenden Gericht Unterkunft geben sollte.
Diesen neuen Zentralbau muß man sich in den ersten hundert Jahren als einen zweistöckigen alemannischen Fachwerkbau vorstellen, dem zu Beginn des 16. Jahrhunderts ein drittes Obergeschoß und – etwas später – der Ziergiebel eingefügt wurde, der heute noch die Ostseite schmückt. Diese dem Marktplatz zugekehrte Front, mit der asymmetrisch angebrachten Kanzel über dem Eingang, ist von jeher die Schauseite gewesen, an der, neben der Kanzel, bis 1849 ein Uhrengehäuse mit der großen und dekorativen zweischeibigen astronomischen Uhr des Mathematicus Stöffler hing, die seither im Ziergiebel untergebracht ist.
Wir wissen, daß die Fassade seit dem 16. Jahrhundert bemalt war; der heutige Dekor stammt aus dem Jahre 1876 und zeigt im Fries des ersten Stocks sechs Männer, die sich um ihre Stadt besonders verdient gemacht haben.
Hinter den bleiverglasten Fenstern des zweiten Obergeschosses liegt zwischen den »Gerichts«- d. h. Gemeinderatsräumen der Öhrn. Um 1600 prächtig ausgemalt, diente er nicht nur als Zugang zu den Sitzungszimmern und der Amtsstube des Bürgermeisters, sondern, vor allem, als Empfangshalle, wenn die Stadt jenes Hofgericht feierlich begrüßte, als dessen Sitz das Tübinger Rathaus weithin bekannt geworden ist. Neben seiner Funktion als Kauf- und Markthaus, in dessen offenem Untergeschoß einmal die Bäcker und Fleischer ihre Waren feilboten, während einen Stock höher, auf der »Lederbühne«, die Gerber und Tuchmacher ihre Erzeugnisse verkauften und der Salzhandel im rückwärtig angebauten Salzhaus blühte, – neben seiner Bedeutung als Sitz der Rats-, Amts- und Gerichtsstuben und der Rolle, die es als Ort gewaltiger Festivitäten gespielt hat, ist es das Privileg gewesen, Tagungsstätte des Hofgerichts zu sein, das von 1514 bis 1806 den Ruhm des Tübinger Rathauses gemehrt hat.
Die Zuweisung des höchsten Zivilgerichts, das für die Stadt außer dem Ruhm vor allem wirtschaftliche Vorteile mit sich brachte, war – außer der Verleihung des Stadtwappens mit der Sturmfahne – der Dank Herzog Ulrichs an seine »frommen und getrewen« Tübinger Untertanen, die ihn bei der Niederschlagung des Bauernaufstands vom »Armen Konrad« maßgeblich unterstützt hatten.
Diesen Ereignissen vorausgegangen war ein Geschehen, das – neben der Universitätsgründung – bis heute mit dem Namen Tübingen verbunden ist: der hier, im Rathaus, unterzeichnete »Tübinger Vertrag«. Dieser Vergleich (zwischen dem Herzog und den Vertretern der städtischen Oligarchie, der »Ehrbarkeit«, geschlossen) schränkte die Regierungsgewalt des jeweiligen Fürsten zugunsten eines mit Veto- und Kontrollrechten ausgestatteten Landtags ein und versuchte, die Rechtssicherheit für die Oberschicht im Rahmen des Möglichen zu verbessern.
Vom Rathaus zurück auf den Platz, der heute wie damals den Jahr- und Wochenmärkten dient, und zu dem immer noch die Bauern, Gärtner und Händler der näheren und weiteren Umgebung ihre Erzeugnisse bringen. Während sie heute vorwiegend Obst, Gemüse, Eier, Brot- und Milchprodukte verkaufen, brachten sie bis vor wenigen Jahren auch Kleintiere wie Hühner, Enten, Gänse und Kaninchen mit; und im 17. und 18. Jahrhundert hatten die Tübinger sogar Gelegenheit, hier die Waren der »Börtleinmacher«, »Garttenwercker«, »Korbmacher«, »Spin-

deldreher«, »Löffelkrämer«, ja, sogar der »Zahnbrecher- und Quacksalberkrämer« zu erwerben.
Wenn nicht verkauft wurde, war der Platz Kulisse für Feste aller Art. Von der Kanzel des Rathauses nahmen Herren verschiedener Couleur die Huldigungen der Bürger entgegen – und tun es immer noch; hier sprachen sie zum unten versammelten Volk – und tun es immer noch; hier wurde gespielt, getanzt und gerauft – und wird es immer noch, vor Häusern, von denen zumindestens eines den Charakter eines wahren Prachtstücks hat: das große Fachwerkgebäude (Haaggasse 1) hinter dem »Lichtenstein«, das, schon um 1477 nachweisbar, in seiner frühesten Bestimmung dem alten Augustinerkloster als Gästehaus diente und später zu dem jetzigen Wohn- und Geschäftshaus umgebaut wurde. Bemerkenswert sind außer dem gut erhaltenen, hinter dem Rathausdach gerade noch sichtbaren Zuggiebel, in dem sich die Vorrichtung zum Heraufziehen der Lasten befand, das von zwei kapitellgeschmückten Pfeilern eingerahmte Renaissance-Portal und, vor allem, das Treppenhaus: Die Räume der einzelnen Stockwerke sind von Laubengängen aus zugänglich, die, durch eine zweiläufige Treppe miteinander verbunden, einen Lichthof einrahmen und dem Besucher eher das Gefühl vermitteln, in Oberitalien denn in Tübingen zu sein.
Der Tübinger Marktplatz: eine Idylle? Mitnichten. Korbmacher und Spindeldreher waren bitterarm, und was die Spitzwegatmosphäre angeht, die Isolde Kurz beschreibt, so sei nicht vergessen, daß es sich bei diesem Marktplatz auch um eine Stätte handelt, auf der 1505 eine Frau als Hexe verbrannt wurde und bis 1828 der Schandpfahl stand.

34, 35 Im Lammhof Dort, wo an der Nordseite des Marktes fast 70 Jahre lang ein flaches Dach die Silhouette der hochgiebeligen Häuserfront durchbrach, an der Stelle des alten, vielbesungenen »Lamm«, ist seit kurzem wieder ein spitzer Giebel zu sehen. Er gehört zum 1975 eingeweihten evangelischen Gemeindezentrum am Markt, Tübingens erstem markanten Beispiel für die Anfang der siebziger Jahre verfügte Sanierung geschlossener Altstadtbereiche.
Der »Lammblock« in seiner heutigen Gestalt verwirklicht die stadtplanerische Forderung, nicht nur die schönen, der Schauseite zugewandten Fassaden bis in die Farbgebung historisch getreu zu rekonstruieren und die dahinterliegenden Wohnungen möglichst geschickt den modernen Bedürfnissen anzupassen, sondern gleichzeitig auch auf die Neugestaltung der Höfe zu achten, die im Laufe der Jahrhunderte oftmals mit Schuppen, Waschküchen und Garagen zugebaut und ihrer ehemaligen Funktion entfremdet worden sind. Das alte »Lamm« besaß einstmals einen schönen Hof, dessen Bewohnbarkeit und Atmosphäre auf alten Bildern noch zu sehen ist.
Diesen Hof wiederherzustellen und ihm eine Gestalt zu geben, die den vielfältigen Ansprüchen an ein modernes Kommunikationszentrum gerecht wird, war die Aufgabe der Restaurateure, die sich bei ihrer Lösung das »Bergige« und »Bucklige« des Areals zunutze machten und eine dreigeschossige Anlage schufen: Ganz unten, von der tiefer liegenden Hirschgasse aus befahrbar, liegt eine Tiefgarage, darüber, vom Fußgängerbezirk Holzmarkt/Kirchgasse aus leicht zu erreichen, eine Ladenstraße, die ihr Licht durch einen in den oberen Hof wie ein Teich eingelassenen weiten, mit hängenden Pflanzen bewachsenen Schacht erhält. Dieser Oberhof, vom Marktplatz aus ebenerdig, von den Seitenstraßen durch ansteigende Treppen zugänglich, ist an drei Seiten von renovierten Altbauwohnungen umgeben und wird zum Markt hin durch das Gemeindehaus abgeschlossen, dessen großer Versammlungsraum wie ein dem Gebäude außen aufsitzender Tornister ins Bild hineinragt.
Zentrum der oberen Hofanlage sind die zwei lebensgroßen Bronzefiguren, die die Stadt Tübingen anläßlich der Fertigstellung des Hofs – 1979 – hier aufstellen ließ, und die, als Typen aus der unmittelbaren Nachbarschaft aufgefaßt, schnell akzeptiert wurden.
Leider erfuhr man später, daß das, was man für ein liebevoll karikiertes Abbild vertrauter Wesenheit gehalten hatte, in ganz ähnlicher Version bereits die Polizeischule in Braunschweig und das Landsratsamt in Heilbronn zierte. Doch blieb dies Wissen eher akademisch; der spontanen Zuneigung tat's keinen Abbruch.

36, 37 Kronenstraße mit Gasthaus »Forelle« Das alte Gasthaus »Krone«, wie das »Lamm« (früher »Goldenes Schaaf«, »Ovis aurata«), schon um 1500 erwähnt und von Martin Crusius als Stätte bacchanalischer vier- bis achtstündiger Gelage immer wieder hoch gepriesen – dieses alte Wirtshaus gibt es längst nicht mehr. Schon früh zog es

heraus aus der Stadt, vors Neckartor und die Brücke, wo es mehr Platz für die anfahrenden Postkutschen und Reisewagen gab als in der Altstadtgasse, die heute noch seinen Namen trägt.
Im Umkreis der Kronenstraße führen nur noch der – einst »römische« – »Kaiser« und die »Forelle« die Tradition der Gasthäuser und Stammtischlokale fort, die sich früher, nicht zuletzt von Stiftlern besucht und besungen, in dieser Gegend häuften – die Nr. 11, das Café Pfuderer, nicht zu vergessen, in dessen oberstem Stockwerk, in Richtung Marktplatz auf »das Wirtshaus gegenüber« schauend, in der zweiten Hälfte des 19. Jahrhunderts Hermann Kurz und seine Tochter Isolde wohnten.
In ihrer Frühzeit zerfiel die Gasse in zwei physiognomisch unterschiedliche Seiten. Die nördliche, ihre Front dem Marktplatz zukehrende Zeile war vom 15. Jahrhundert an mit repräsentativen Fachwerkhäusern der städtischen Patrizier überbaut, während sich auf der gegenüberliegenden Seite die Scheuern und Wirtschaftsgebäude sowohl dieser als auch der in der Münzgasse gelegenen Anwesen befanden. Erst vom Beginn des 17. Jahrhunderts an sind dann auch hier Wohnhäuser, u. a. des berühmt-berüchtigten Raubdruckers Eberhard Wild und, später, des »Antiquars Cotta« (Johann Ulrich, eines Vetters des berühmten Johann Friedrich) entstanden.
Auch das Gebäude des Gasthofs »Forelle« gehörte vor 150 Jahren noch einem Drucker: dem letzten aus der berühmten Dynastie der Schramms, Wilhelm Heinrich, der in den Räumen des heutigen Lokals sein Geschäft betrieb. Hermann Kurz, der Enkel, hat's im zweiten Band seiner »Denk- und Glaubenswürdigkeiten« beschrieben: »Im oberen Stockwerk des mütterlichen Elternhauses in der buckligen Universitätsstadt lag ein geheimnisvolles Heiligtum, aus welchem ein wundersames Schüttern und Beben das ganze Haus durchdrang. Ich hatte die Quelle dieses verborgenen Lebens bald ausgespürt, so daß dem alten Buchdruckerherrn nichts anderes übrig blieb, als seine nachgängige Genehmigung zu meinem Eintritt daselbst zu erteilen. Man stieg eine steinerne Wendeltreppe empor, kam an verschlossenen, düsteren Magazinkammern vorüber, und dann befand man sich in den heiligen Hallen, aus welchen die akademischen Lehrbücher, Festreden, Preisschriften und Doktorthesen hervorgingen. Stundenlang konnte ich den Preßbengels, dem Zusammenpochen der Ballen, dem wunderschnellen Letternflug über dem Setzkasten zusehen, und der eigentümliche Geruch der frischgedruckten Bogen hatte für mich einen Reiz, der mir bis zu diesem Augenblick geblieben ist.«
Von der Schrammschen Druckerei waren es nur wenige Schritte bis zu jenem (im Vordergrund des Bildes hinter dem »Kaiser« gerade noch erkennbaren) großen Kaufmannshaus der Familie Münzinger, dessen über zwei Stockwerke laufender Erker mit der lustigen Konsolfigur dem kleinen Hermann Kurz sehr wohl ein lohnendes Ziel seiner Erkundungsgänge gewesen sein mag. Dem heutigen Besucher fällt das Haus vor allem durch die Verbindung von spätgotischen und renaissancenahen Formen sowie durch den Rundbogen über dem gemauerten Eingang auf – ein Beispiel für die in der zweiten Hälfte des Jahrhunderts Mode werdenden bogengeschmückten Haustore, die man noch häufig sehen kann.

38 Neckarhalde 8: rückwärtiger Eingang 35 Stufen führen von der Neckarhalde zu diesem rückwärtigen Eingang in der ehemaligen »Feuchtei« empor, und man muß ungefähr noch einmal so viele heraufsteigen, ehe man am planierten Ende der Burggasse vor Herzog Friedrichs Prunkportal steht.
Tempora mutantur: Wo einst, im 16. Jahrhundert, ein Goldschmied seiner Beschäftigung nachging – in einem Haus, das 1798 wegen »eingesunkenem ersten Stock und Herausweichen des Zweiten« gründlich renoviert werden mußte, ehe es dem Bäcker Feucht als Wohn-, Arbeits- und Wirtshaus dienen konnte –, wohnen heute (man kann's an den Schildern nachzählen) mindestens 35 »Parteien«: Studenten und Ausländer zumeist, die hier, in der Innenstadt, ihre Läden und Treffpunkte haben.
Die Klingeln symbolisieren die Situation: 1979 wohnten 72167 Einwohner in Tübingen, davon waren 19040 Studenten und 6262 ausländische Arbeitnehmer.
Das heißt auf 100 Einwohner kamen gut 26 Studenten und fast 7 Gastarbeiter. Heute, 1981, sind's noch mehr.
Das Bild steht also keineswegs für eine Budenromantik, wie sie die Erinnerungen ehemaliger Tübinger Studenten aus der Zeit vor den Kriegen beschwören, sondern für eine zeitgemäße Symbiose von schwäbischen Musensöhnen und türkischen, griechischen oder jugoslawischen Familien. Es steht aber auch für die große Wohnungsnot, die in Tübingen herrscht: Das Erstsemester aus Heilbronn und der bei den Stadtwerken arbeitende Straßenkehrer aus Anatolien in drangvoller Enge nebeneinander.

39 Neckarhalde am Faulen Eck Alte Häuser am Faulen Eck, knapp unterhalb jener Stelle gelegen, wo – von Burg, Markt, Kirche oder südwestlichem Stadttor kommend – sechs Sträßchen zusammenlaufen und einen kleinen Platz bilden: Das Faule Eck. Man sagt, der Name rühre von jenen Studenten her, die, als es der Verkehr noch zuließ, hier Mittag für Mittag »faul« in der Sonne herumgestanden und diskutiert hätten; und obwohl man inzwischen weiß, daß die Bezeichnung eher mit den einstmals sehr schlechten Wegeverhältnissen an diesem Ort zusammenhängt (»faul« meint: »hier können sich die Räder nicht richtig drehen«), lebt die romantische Interpretation fort.
Sie liegt auch nahe, wenn man bedenkt, daß in diesen Häusern neben Professoren und Handwerkern immer viele Studenten gewohnt haben und daß sich hier – außer dem »Waldhorn« – bis zum Beginn unseres Jahrhunderts zumindest eine jener vielzitierten Kneipen auf -ei (»Tobiasei«, »Beckbeckei«, »Eifertei«), die »Feuchtei« nämlich, befand, an die so viele Memoiren erinnern: »die primitiven Buden in der ›Feuchtei‹ und den Nachbarhäusern, mit den Holzbeugen neben den von den Korridoren aus beheizten Öfen und mit der Aussicht ins Neckartal«.
Diese schöne Aussicht hatte vor Zeiten schon vornehmeres Klientel bewogen, sich hier unterm Schloß anzusiedeln: Stiftsgeistliche, Chorherren und Professoren – daneben aber immer auch vermögende Handwerker vom Schlage jenes Bäckers Feucht, dessen Produkten 1831 ein »Tübinger Spaziergänger« mit den Versen huldigte: »Den ganzen Morgen sieht man laufen / Studenten, die hier Pfitzauf kaufen.«
Das Haus des Bäckers Feucht – Neckarhalde 8 mit den vielen Klingeln am rückwärtigen Eingang – gehörte übrigens, zusammen mit den Gebäuden Nr. 12, 14 und 20, zu den hochtaxierten Häusern der Stadt. Das Anwesen Nr. 12 war bis ins 18. Jahrhundert hinein die Wohnung des Magister Domus vom gegenüberliegenden Stift, und im Haus Nr. 20 lebte zu Beginn des 19. Jahrhunderts der Professor der Theologie Ferdinand Christian Baur, der erste, der die Bibel wie einen weltlichen Text der historischen Kritik unterwarf und sich im übrigen den Schloßgraben hinter seinem Haus »zu einem freundlichen Garten umgeschaffen« hatte, von dem aus man durch einen schmalen Gang zwischen Schloßmauer und Hauswand zu dem Gebäude Nr. 24 gelangen konnte: Hier, in diesem alten Bürgerhaus mit drei übereinanderragenden Stockwerken und hohem spitzen Giebel, wurde 1787 Ludwig Uhland geboren.
Ein paar Schritte hinter dem Uhlandhaus wechselt die Häuserreihe von der Burg- zur Flußseite hinüber, wo sie, der Stadtmauer aufliegend, die Neckarfront vom Stift flußaufwärts fortsetzt. Am Anfang dieser südlichen Nekkarhalde liegt ein stattliches Gebäude, das aber zur Straße hin nur einen kleinen Dachgiebel hinter einem großen runden Tor zeigt. Hier befindet sich – tatsächlich! – der Eingang zur »Hölle«, . . . zur Wohnung des Stiftsephorus nämlich, in deren obere Etage man – wie noch 1841 ein Chronist der »Hallischen Jahrbücher« staunend vermerkte – wie in die Dantesche Hölle, »eine lange Treppe hinabsteigen muß.« »Freilich«, fügte der Besucher hinzu, »ist es gut so in der Hölle zu wohnen, wenn einem das Paradies zu allen Fenstern hineinschaut. Denn die Aussicht ist reizend wie irgendeine.«

40 Schloß Hohentübingen: Haspelturm und Kalte Herberge Der Haspelturm (links im Bild) ist der durch 5 Meter dicke Mauern geschützte Südwestturm des Tübinger Schlosses, der – ein Teil der besonders stark ausgebauten westlichen Verteidigungsanlage – dazu bestimmt war, das Ausfalltor in Richtung Spitzberg zu decken. Er hat seinen Namen von einer Zugvorrichtung, Haspel, die die Aufgabe hatte, Vorräte in den tiefen Keller zu befördern. Der Turm ragt heute noch 17 Meter aus der Erde empor und ist, wie es ein Bericht aus dem vorigen Jahrhundert umschreibt, »in so eigentümlicher Weise an die ältesten der noch vorhandenen Räumlichkeiten, die sogenannte Kalte Herberge, angebracht, daß er mit 6/7 seines Umfangs frei steht, während sich in das übrige 1/7 die spitze, winkelige Hausecke keilförmig einschiebt«.
Die Kalte Herberge (rechts im Bild) – so genannt wegen ihrer exponierten, den Nord- und Westwinden preisgegebenen Lage – diente später als Marstall und war durch unterirdische Gänge, die unter dem inneren Zwinger hindurchliefen, mit dem Westflügel des Schlosses verbunden, während in das oberste Stockwerk des Haspelturms ein Wachgang führte, der 1793 wegen Baufälligkeit abgerissen werden mußte und später durch den heutigen schmalen Zugang ersetzt wurde.
Überhaupt muß das Schloß um 1800 einen verfallenen Eindruck gemacht haben. 1794 war der letzte Kommandant abgetreten, und seither hatte sich der Charakter der »hochbewehrten Veste« immer mehr in den einer romantischen Burg verwandelt, deren Gewölbe und Wälle

»schadhaft, die Schloßmauern gesprungen, die Vorwerke zum Teil schon eingestürzt« waren.
Was Wunder, daß sich dort schon bald – mit Garten im westlichen Zwinger – eine Wirtschaft niederließ, die ihren Platz erst räumte, als, 1816, die Universität das Schloß geschenkt bekam und anfing, es für ihre Zwecke herzurichten.
Ehe es jedoch dazu kam, hatten sich vor allem die Kinder der umliegenden Neckarhalde und Haaggasse, Ludwig Uhland, Wilhelm Hauff und Philipp Joseph Rehfuß, das sagenumwobene Terrain erobert:
»Es bot sich der Phantasie ein Spielraum im alten Schlosse, das zwar in tiefem Verfall lag, aber der Einbildungskraft nur umso mehr Nahrung gewährte. Am meisten zogen uns die unterirdischen Räume an, welche von großem Umfang und ganz ungenutzt, ja, zum Theil unbekannt schienen. Wir machten darin wahre Entdeckungen, und es steht mir noch im Gedächtnis, wie wir eine halbverschüttete Treppe fanden und auf derselben nicht ohne Gefahr in einen Kellerraum gelangten, der einige Zoll Wasser hatte. Hier entdeckten wir den Brunnen, von dem wir oft geheimnisvoll sprechen gehört, daß er im Schloß sei und in seiner Tiefe noch unter das Bett des Neckar herunterreiche.«
Heute ist auch der Haspelturm Sitz eines Universitätsinstituts. Doch ehe die Schießscharten der dicken Mauern zu Fenstern ausgebrochen wurden, muß der Turm eine Zeitlang vergessen worden sein: damals, als das vordere Schloß schon längst die Universitätsbibliothek, die wichtigsten Sammlungen und, in der alten Schloßküche, das chemische Laboratorium beherbergte. Isolde Kurz jedenfalls berichtet noch für die Zeit um 1870 von einem »mutigen« Studenten, der hier, »in dem unheimlichen Haspelturm, dessen durch keine Treppe erreichbares Verließ noch Menschenknochen bergen sollte«, sich ein paar Zimmer eingerichtet hatte, »denen er durch orientalische Teppiche und Decken« ein einigermaßen wohnliches Aussehen gab, und wo er nachts, wenn die Tore geschlossen und er »von allen Lebenden geschieden« war, »mit untergeschlagenen Beinen, den roten Fez auf dem Kopf, aus mächtiger Tabakspfeife rauchend« am Boden saß und »selbstgebrauten türckischen Kaffee« trank.

41 Das untere Schloßtor Architektonische Vielfalt einer Schloßanlage: Der massigen, zweckbestimmten Einfachheit der westlichen Vorwerksbauten korrespondiert, mit höchstem künstlerischem Raffinement ausgeführt, das untere Schloßtor; jenes manieristische Entrée von Hohentübingen, das um das Jahr 1600 entstand, kurz nachdem die pfalzgräfliche Burg (und spätere herzogliche Festung) nach Plänen des berühmten Meisters Heinrich Schickhardt zu einer prächtig ausgestatteten Residenz ausgebaut worden war.
Wer vom Stift die Burgsteige zum Schloß heraufgeht, sieht sich, näherkommend, auch heute noch jenem gewaltigen Portal gegenüber, »dessen breite, aus Kalksteinquadern gefügte Mauerwand von kräftigem Gesimse bekrönt, von zwei kecken Erkern flankiert und in der Mitte von dem triumphbogenartig umrahmten Thorweg durchbrochen wird. Eine Doppelsäulenstellung trägt über dem weiten Rundbogen ein vollständiges Gebälk, darüber ist ein riesiger runder Schild, das herzoglich württembergische Wappen, angebracht, vom Hosenbandorden umfaßt und um dasselbe wild umher Früchte, Fratzen und Geschnörkel. Über den beiden äußeren Säulen stehen, wie um das Wappen zu schützen, zwei Landsknechte in ihrer reichen abenteuerlichen Wehrtracht, der links die Hakenbüchse anlegend, der rechts mit beiden Händen sein Schwert schwingend.«
Der Hosenbandorden – fügen wir dieser, der Oberamtsbeschreibung von 1867 entnommenen Schilderung hinzu – deutet auf die zähen Bemühungen Herzog Friedrich I. um die Aufnahme in diese noble englische Vereinigung, während das »Geschnörkel« vielleicht die Muschelkette, das Insignium des französischen Michaelsordens, darstellt, auf den der prunkliebende Fürst sich sehr viel zugute hielt.

42 Gartenhaus und Kegelbahn in der alten Schloßküferei Wer zwischen den alten Häusern der Burgsteige auf das Schloß zugeht, erreicht nach einem etwa 300 Meter langen, steilen Anstieg einen holprig gepflasterten Platz, der nach Süden über die Dächer der vorgelagerten Neckarhaldenhäuser (s. Bild 39) den Blick auf den Fluß und die Alb freigibt, während die Aussicht zur Nordseite, dem Ammertal zu, durch ein großes, türmchenbewehrtes Gebäude verdeckt wird, dessen Wetterfähnchen man weithin sieht. Es ist das Roigelhaus – Eigentum einer traditionsrei-

chen Stiftsverbindung, die man nach ihrem Treffpunkt im Gasthaus »König« (roi) die Roigel nannte.
Dieses neue Verbindungshaus steht auf historischem Boden: Bis zum Jahre 1901 befand sich hier die Schloßküferei »nebst Scheune, Wiesplatz und Gärtlein hinter dem Haus auf dem Wall«, und auf dieser Wiese hinterm Haus wurde im 19. Jahrhundert eine Wirtschaft betrieben, die viele Jahrzehnte lang wegen ihrer an die Schloßmauer angelehnten Kegelbahn und eines kleinen, quer über sie hingebauten Gartenhäuschens ein beliebtes Ausflugsziel Tübinger Bürger, aber auch ein idyllischer Platz jener Studenten und Jungtheologen war, die hier ihre »Insel Felsenburg« fanden, wo sie Gedichte schrieben, einander vorlasen und auf die Inspiration für die sonntägliche Predigt hofften – gelegentlich offenbar sogar mit Erfolg: »Der Ort war namentlich den Schloßpredigern (d. h. den in der Schloßkirche übenden Examenskandidaten) vorbehalten, wie ich denn auch manchmal den Geist hier empfing«, bekannte Hermann Kurz 1838, als er Mörikes Gedichte für den ersten Druck ordnete. Mörike selbst hatte »des alten Schloßwirths Garten« aus gleichen Erinnerungen heraus ein Jahr zuvor in einem langen Gedicht besungen:

»Im alten Schloßwirths Garten
Da klingt schon viele Jahr kein Glas,
Kein Kegel fällt, kein Karten,
Wächst aber schön lang Gras.
. . .«

Dreißig Jahre später, 1863, als alter Mann, ist er noch einmal hier heraufgegangen: »Ich ging auf das Schloß, durch eine Tür der Küferei, wo außen noch ein Schild ›Zur Kegelbahn‹ weist; es geht durch eine Scheuer, wie ehedem; die alten Tische sind noch da . . . ein Rausch von Erinnerungen!«

43 Gartenhaus Neckarhalde 33b Die Chronik der Tübinger Gärten und Gartenhäuser: Das ist ein besonderes, noch nicht geschriebenes Kapitel Stadtgeschichte. Wie ergiebig es ist, zeigt eine amüsante Schilderung von Max Eifert, dem ersten Stadtchronisten, der eine Tübinger Hortikultur bereits um die Mitte des 16. Jahrhunderts nachweist: Der Entstehung von Gärten und Gartenhäusern nachgehend, war er auf den Kanzler Beurlin gestoßen, der sich zwischen 1550 und 1560 an den Hängen des Österbergs das erste Gartenhaus errichtet haben soll, »um dort in der Einsamkeit seine zum Predigen zu schwere Zunge durch lautes und anhaltendes Sprechen und Lesen geläufig zu machen«.
Doch nicht nur von Predigern, auch von Professoren und wohlhabenden Bürgern weiß man, daß sie schon früh außerhalb der Stadtmauern – zunächst am Südhang des Schloß- und Österberges, dem Neckar zu – Felder und Weinberge erwarben und sie zu Gärten umgestalten ließen. So legte sich – ebenfalls im 16. Jahrhundert – der uns von seinem schönen Münzgassenanwesen her bekannte Konrad von Fürst am Neckar »im Schwanzer«, dort, »wo die gemeine Straß nach Rottenburg geht«, einen Garten an, »den er gegen die Straße mit einer Weinbergmauer« stützte.
Man sieht, selbst diese frühen Gärten waren kunstvoll angelegte Gebilde, und sie wurden es zunehmend mehr, als, vom Ende des 18. Jahrhunderts an, eine regelrechte Gartenliebhaberei in Mode kam. In Tübingen waren dieser neuen Leidenschaft besonders die Gärten der Gebrüder Gmelin am Schloßberg und die des Professors Autenrieth am Südhang des Österbergs zu danken – artifizielle Anlagen, von denen ein Zeitgenosse rühmte, daß sie »zum mindesten den Gärten der Semiramis gleichgestellt« werden müßten.
In des einen, des Apothekers Gmelin Gartenhäuschen führte Cotta 1797 seinen Gast Goethe – man kann den kleinen achteckigen Bau heute noch sehen; das »Zelt von chinesischer Form und blauem Dach« hingegen, das den der Neckarhalde zu gelegenen Garten des anderen, des Mediziners Gmelin schmückte, ist verschwunden – so wie Autenrieths »größeres Gartenhaus«, das, schon fast an ein Wohnhaus erinnernd, an der Straße neben dem Eingang in der heutigen Gartenstraße stand, von dem aus eine große Treppe durch die terrassenförmig ansteigenden Beete zu einer tannenbestandenen künstlichen Ruine führte.
Doch solche Extravaganz war nicht die Regel; die meisten Gärten sahen schlichter aus. Immer aber war es ihre Funktion, der Erholung, Entspannung und, in bescheidenem Maße, auch einer Art ländlicher Geselligkeit zu dienen. Hierfür errichtete man sich schon früh die festen Häuschen, die – meist zweistöckig – im steinernen Untergeschoß eine Abstellkammer und oben eine Art Wohnraum besaßen.
Einige dieser Gartenhäuschen sind berühmt geworden (das Presselsche auf dem Österberg z. B., das Wilhelm Waiblinger, Hermann Hesse und Stephan Hermlin be-

sungen haben); die meisten freilich verschwanden im Zuge der Stadterweiterung. Aber sie haben Nachfolger gefunden. Noch immer stehen in den Gärten um Tübingen herum die kleinen Häuschen: Mittelpunkte von »Gütle« genannten Anlagen, die allerdings nicht mehr, wie früher, nur der Entspannung und anakreontischen Beschaulichkeit dienen, sondern die richtig »bebaut« werden mit Obst, Gemüse und Blumen, und wo man sich erholt, indem man »schafft«.

44 In der Haaggasse Ein *Tübingen*-Bild? *Ein* Tübingen-Bild: Haaggassen-Idyll, eine kleine Straße, in der die Zeit stillzustehen scheint. Tante-Emma-Läden, Antiquitätenhandlungen, Flohmarktgeschäfte, Biedermeierliches in den Auslagen; Großmutters Bügeleisen, Bierseidel von anno dazumal, uralte Gabeln, Bilder, deren Sujets von Wolfgang Hildesheimer erfunden sein könnten: »Alpenglühen« und »Vor dem Sturm«; Vogelkäfige; Jeans im US-Shop; Folklore und Kommerz nebeneinander.
Ein Tübingen-Bild: ersetzbar durch ganz andere Bilder, auf denen nichts als Beton, Ampeln, Autos und Straßenschilder zu erkennen sind – Tilgung einer Welt, die Ernst Bloch mit dem Begriff »gotische Stube« umschrieb: Heimat, ein Begriff aus dem Wörterbuch.
Ein Tübingen-Bild: ein nostalgisches Bild?

45 Der Kapitänsweg Der Kapitänsweg verdankt seine Existenz den Bemühungen des Tübinger Verschönerungsvereins, der im Sommer 1863 – nicht zuletzt in Erinnerung an die Klagen des großen Spaziergängers und Professors für Ästhetik Friedrich Theodor Vischer – gegründet wurde und sich vor allem durch die Ausgestaltung des Wöhrd und die Anlage von Fußgängerwegen auf die Höhen um die Stadt herum verdient gemacht hat.
Auf dem Schloßberg, zu dem unser Kapitänsweg hinaufführt, waren begehbare Pfade nötig geworden, nachdem man hier, wie auf anderen Bergen auch, an aussichtsreicher Stelle – dem Buß – einen hölzernen Aussichtsturm errichtet und verschiedene Erholungsplätze geschaffen hatte, die von der Stadt aus gut zu erreichen sein mußten. »Es soll ein neuer Fußweg durch den früheren forstbotanischen Garten zum Schloß hin angelegt werden«, kündigte die Stadtverwaltung an.
Noch heute steigt man das kleine Sträßchen empor, wenn man, von der Haaggasse kommend, zum Schloßberg und weiter nach Schwärzloch oder zur Wurmlinger Kapelle wandern will. Es zweigt etwa in Höhe des Brunnens von der Haaggasse ab – dort, wo als Zufahrt zu einigen größeren bergwärts gelegenen Professorenhäusern schon früh ein Stückchen Weg trassiert worden war, das gegen die andere, hangabwärts gelegene Seite heute wie damals winzige Höfchen begrenzen. Die kleinen Plätze sind teilweise mit Rasen, Blumen und Spalieren bepflanzt und erscheinen wie Vorgärten der dahinterliegenden Katen, die freilich keine selbständigen Häuschen, sondern nur die obersten Stockwerke von Gebäuden sind, die mit ihren schmalen hohen Fassaden zur Haaggasse hin stehen.
»Behausungen unterm Haag« hießen sie im 18. Jahrhundert – wobei der Name Haag den mit Bäumen und Buschwerk dicht bewachsenen Nordhang unter dem Schloß bezeichnet. Ihre Besitzer waren Handwerker und Kaufleute, die in den tiefen Kellern ihre Weinfässer und Waren lagern konnten, und die, um Platz zu gewinnen, ihre bergwärts liegenden Höfe gelegentlich mit »Schopf«, Waschküche und Ställen zubauten. Dann wurden aus dem Dachstock heraus kleine mit Ziegelbruch geschotterte Wege und hölzerne Treppchen angelegt, die zu diesen Wirtschaftsräumen führten – man kann es heute noch sehen.

46 Sanierung Das Bedürfnis nach einem überschaubaren, kommunikationsstiftenden Lebens- und Erlebnisraum, das sich zu Mitte der sechziger Jahre an vielen Stellen der Bundesrepublik als Reaktion auf das anonyme Wohnen in Hochhäusern und Betonsiedlungen bemerkbar machte, hat, wie in anderen Städten, auch in Tübingen zu bewußten Anstrengungen für die Erhaltung der von Verkehr, Verfall und planlosem Abriß bedrohten Innenstadt geführt. 1963 entstand ein Sonderamt für Altstadtsanierung, das, die verschiedenen Initiativen koordinierend, vor allem zwei Aufgaben hat: Zum einen die Sanierung ganzer Baukomplexe (Beispiel: Lammhof), zum anderen Hilfe und fachliche Beratung für private Bauherrn – nicht zuletzt solche, denen die Stadt verfallene Häuser mit der Auflage verkauft, sie im Rahmen der vom Sanierungsausschuß erlassenen Restaurierungsvorschriften wiederherzustellen.
Der Schwerpunkt der Tübinger Maßnahmen liegt in der Förderung solcher privater Initiativen, die im übrigen den gleichen Zielvorstellungen wie die großen Projekte unter-

worfen sind. In beiden Fällen wird angestrebt, die alten Gebäude im Zuge der »erhaltenden Erneuerung« den modernen Wohngegebenheiten (Hygiene, Heizung, Lärm- und Brandschutz) anzupassen, ohne dadurch das Bild der alten Straßen und Plätze zu verfälschen. Die Arbeit wurde vor allem dadurch erschwert, daß die im Durchschnitt sehr schlecht erhaltene Bausubstanz der Tübinger Altstadt fast ausschließlich aus Fachwerkbauten besteht, deren Konstruktionstechniken im Verlauf von zwei Jahrhunderten weitgehend in Vergessenheit geraten waren, so daß das für die Renovierung nötige Wissen in mühsamer Kleinarbeit erst wieder erworben werden mußte.
Unser Bild zeigt eindrucksvoll, wie viel Know-how nötig ist, um ein Fachwerkhaus aus dem 16. und 17. Jahrhundert – bei älteren ist es nicht anders – so weit instandzusetzen, daß es wieder bewohnt werden kann.
Der »ausgebeinte« Bau am Ammerkanal in der Metzgergasse demonstriert *ein* Stadium der Sanierung. Voraus geht eine genaue Bestandsaufnahme des Gebäudes, bei der man neben den herkömmlichen Vermessungsmethoden auch die modernen Techniken der Thermographie (Infrarotdurchleuchtung) und der Dendrographie (Baumringuntersuchung) anwendet, mit deren Hilfe man u. a. das Alter des Holzes (zur genauen Datierung) feststellen und Reste alter Farbgebung auffinden kann. Alle Ergebnisse werden sorgfältig protokolliert, um sie bei der späteren eigentlichen Restaurierung verwerten zu können.
Zunächst jedoch muß demontiert werden: Der Bestandsaufnahme folgt die Freilegung der Holzkonstruktion. Dazu schlägt man die zwischen den Balken befindlichen Felder heraus, die manchmal aus Bruchsteinen, meistens aber aus Faschinen (senkrechten, mit Weidenruten untereinander verflochtenen Holzstäben) bestehen und mit einem Gemisch aus Lehm und gehäckseltem Stroh beworfen sind.
Wenn das Holzwerk freiliegt, können die schadhaften Teile untersucht und die morschen Balken ausgewechselt werden, ehe der Neuaufbau durch Ausmauerung der Felder beginnt.
Der Innenausbau wird möglichst behutsam den modernen Zwecken angepaßt; ob das Sichtfachwerk nur auf die Außenfassade beschränkt bleiben oder auch nach innen hin in Erscheinung treten soll, hängt vom Willen des Bauherrn ab. Auf jeden Fall informiert das Amt für Altstadtsanierung über den ursprünglichen Zustand und die originale Farbgebung, die übrigens in früheren Jahrhunderten nicht, wie heute, durchweg dunkles Holz mit weißen Feldern verband, sondern, gemäß der Bauordnung von 1568, für die Balken nach außen hin gelb und nach innen hin (abhängig vom Grad des Wohlstands) gelb (teuer) oder grau (billig) vorschrieb – dazwischen die Riegelfelder »gedüncht, geweißt, geschattiert und mit Strichen schwarz eingefaßt«.
An diesen alten Vorschriften sind die neuen Verordnungen orientiert, die sich – um den einheitlich gewachsenen Charakter des Ganzen zu wahren – auch auf Dachdekkung, Gesimse, Fenster mit Umrahmung, Klappläden und andere Details erstrecken. Man kann sich also mit etwas Phantasie durchaus vorstellen, wie unser Haus in ein oder zwei Jahren einmal aussehen wird.

47 Im Süßen Löchle Der Name »Süßes Löchle« ist wahrscheinlich die Bezeichnung einer Sackgasse (Loch) gewesen, die im Mittelalter von einem Juden namens Süß bewohnt wurde. Manche Historiker führen ihn auch auf den dort, im Bereich der jüdischen Gewürzkrämer, vorherrschenden »süßlichen« Geruch zurück.
Auf jeden Fall ist erwiesen (und der seit 1342 aktenkundige Name »Judengasse« für das zur Haaggasse hinaufführende Sträßchen, von dem das »Süßenloch« abgeht, deutet darauf hin), daß hier, in einem sich rechts und links der Gasse erstreckenden Distrikt, in Hoch-Zeiten etwa 30 bis 40 jüdische Kaufmannsfamilien gewohnt haben, die recht wohlhabende Leute gewesen sein müssen: In den aufwendig gemauerten steinernen Untergeschossen führen breite Treppen in tiefe, gewölbte Vorratskeller hinab, die außerdem – an den inzwischen teilweise halb im Boden liegenden Eingängen erkennbar – auch direkt von der Straße her zugänglich waren. Man sagt, daß sich in diesen Kellern Relikte von Mulden erhalten hätten, in denen heute noch Wasser steht, und die als Stätten ritueller Waschungen anzusehen seien. Doch das sind lediglich Vermutungen; die mehrfache Überbauung des Hofes macht es schwierig, sichere archäologische Befunde zu erhalten.
Genaueres weiß man dagegen über das Schicksal der Bewohner: Sie wurden im Zuge der Universitätsgründung vertrieben. Am 7. 10. 1477 verfügte Graf Eberhard im Barte im Freibrief für seine Hohe Schule: »Wir wollen gebitten ernstlich denen von Tüwingen, das sie kein Juden och sust keinen offen wucher by i(h)n(en) in der statt oder iren zwingen und bennen laussen wonhafft beliben.«

Fast 400 Jahre sollten vergehen, ehe sich in Tübingen – 1852 – wieder Israeliten niederließen: 15 zunächst; bis 1900 gab es wieder gut 100, 1933 125 jüdische Bürger in der Stadt, die jedoch nicht mehr in ihrem alten Quartier wohnten.
Diese Häuser nämlich waren damals, zu Eberhards Zeit, in den Besitz nichtjüdischer Handwerker und Weingärtner übergegangen. Wir wissen von Gerbern, Seifensiedern, Messerschmieden, Küfern, Zimmerleuten und Schlossern, die hier in diesem (Hinter-)Hof, nahe der Ammer, ihr Gewerbe betrieben und in Kellern und Dachböden ihren Wein und ihre Vorräte lagerten.
Die Hofsituation war übrigens vor ein paar Jahrzehnten noch deutlicher erkennbar als heute: Rechts über dem Eingang des Hauptgebäudes hing im zweiten Obergeschoß ein Holzverschlag an der Wand, das »Sprach«- oder Aborthäuschen . . ., eine in Tübingen nicht ungewöhnliche Art, ein Problem zu lösen, das wegen der dauernden Überschwemmungen nur in hochgelegenen Stadtteilen durch Gruben geregelt werden konnte. Gegen die topographischen Unbilden war offenbar auch der Gesetzgeber machtlos, der – vergeblich – bereits in seiner Bauordnung von 1568 verfügt hatte, daß der »Cloac« nicht mehr – wie bis dahin üblich – in den »Winkel« (den kleinen freien Platz zwischen den Häusern) gerichtet sein dürfe, sondern »under die Erden eingegraben« werden müsse, anderenfalls man den Winkel »zu verschlagen« und mit Abführdolen in eine Grube hinein zu versehen habe, die man »sonder Unlust Mühe und Geschmack« ausheben könne. Wo aber das »heimliche Gemach« »gar ins Gesicht [d. h. zur Straße hin] gerichtet« sei, da solle es von Grund auf gemauert und nicht mit Brettern verschlagen oder »gar offengelassen« werden.
Tempi passati. Heute wird der Hof renoviert und von Tübinger Bürgern – in unmittelbarer Nachbarschaft mit türkischen Familien – bewohnt. Auch das Hauptgebäude, dessen Front, zum schmalen Hasengäßchen hin stehend, durch einen dekorativ gemauerten Unterbau und ein schweres Rundbogentor auffällt, wird auf dieser »Schauseite« sorgfältig erneuert; an der großen Scheuer, die den Hof nach links begrenzt und in früheren Jahrhunderten samt den unter ihr liegenden Kellern Besitztum einiger in der Haaggasse wohnender Universitätsangehöriger war, wird gebaut: Es ist nicht abwegig zu glauben, daß eines Tages dieser Distrikt wieder sein wird, was er jahrhundertelang, bis zu seinem Verfall hin, war: Wohngebiet von vermögenden Handwerkern, Gewerbetreibenden und Kaufleuten. Nur die Juden werden nicht zurückkehren. Sie hat man 1938 in den Tod gejagt. Außer dem Namen »Süßes Löchle« ist nichts von ihnen geblieben.

48 Das alte Schlachthaus (Lange Gasse 21) Dort, wo heute in renovierten Räumen Tübinger Künstler einer alten Drucktechnik, der Lithographie, wieder zu neuem Leben verhelfen, befand sich bis zum Jahr 1892 das »Schlaghaus« der Stadt.
Die Sanierung hat die äußeren Formen erhalten. Immer erhob sich hier auf steinernem Unterbau, dessen Rundbogentür, Fenstereinrahmungen und Eckquader durch besonders sorgfältige Steinmetzarbeiten auffallen, ein zierliches Fachwerkgeschoß mit spitzem Giebel, und stets führte an der Traufseite eine überdachte Holztreppe über den zum Erker ausgebauten Eingang ins obere Stockwerk, das, wie das Untergeschoß, aus einem einzigen großen Raum bestand und wahrscheinlich als Zunftstube gedient hat.
Für diese Annahme spricht neben der fehlenden Wohnraumaufteilung die ins Auge fallende Fachwerkausführung mit den betonten Schwellen und Stockwerksbalken sowie dem Giebel, den unter der Dachluke ein Andreaskreuz schmückt.
Man könnte sich also vorstellen, daß dieses relativ kleine »Schlachthaus« in seinem Untergeschoß die Schlachterei beherbergte (die ihre Abfälle direkt in den unterm Haus durchlaufenden Ammerkanal werfen konnte), daß die Schlachterei aber nicht die einzige, ja, vielleicht noch nicht einmal die Hauptfunktion des Gebäudes gewesen ist, sondern daß es in erster Linie als Versammlungs-, Rats- und Zunftstube der Tübinger Metzger gedient hat.
So gesehen erscheint es doppelt sinnvoll, wenn das alte Gebäude heute wieder Kommunikationszentrum ist: Hier zog 1980 der Tübinger Künstlerbund ein, der, vor zehn Jahren als Alternative zum Ausstellungsbetrieb der Kunsthalle gegründet, heute fast wie eine ideale Werkstatt arbeitet, in der erfahrene Graphiker ihre jungen Kollegen, aber auch – an besonderen Tagen – die interessierten Bürger der Stadt an wertvollen alten Pressen in die verschiedenen Drucktechniken einweisen. Darüber hinaus ist das Schlachthaus eine Stätte der freien Begegnung und des künstlerischen Austausches geworden: Eine kleine Galerie betreut eigene und Gastausstellungen, Kooperationen

zwischen Poeten und bildenden Künstlern bahnen sich an, Vorträge und Diskussionen vermitteln Weiterbildung und Information – Kunst für jedermann in der Altstadt.
Ein Wort noch zu der auffälligen Treppenkonstruktion. Sie war in früheren Zeiten sehr verbreitet; noch heute trifft man sie an verschiedenen Häusern, namentlich in der Unterstadt: Die Treppe führt von der Straße aus direkt ins Wohngeschoß und ersetzt ein innen von den Gewerberäumen oder Stallungen im Unterstock nach oben gehendes Stiegenhaus. Diese »äußere« Lösung bot neben der augenfälligen Unbequemlichkeit einige sehr wichtige Vorteile: Zum einen schützte sie das unter ihr aufgestapelte Heizholz, zum andern gelangten Schmutz, Lärm und Gestank der Arbeitsräume durch die Stockwerkstrennung schwerer in den Wohntrakt, und auch das Wasser, das bei den dauernden Überschwemmungen von Neckar und Ammer vor den Flußregulierungen um die Jahrhundertwende ständig in Keller und Erdgeschosse lief, konnte nicht so leicht bis in die Wohnungen vordringen.

49 Treppenhaus Collegiumsgasse 12 Eine andere Form der »äußeren Lösung« sind die Treppentürme, von denen sich in Tübingen noch drei erhalten haben: im Haus Haaggasse 20, in der Kronenstraße 11 und – unser Bild – gegenüber dem Konvikt in der Collegiumsgasse 12.
Diese aus dem sakralen und feudalen Bereich kommende Konstruktion ist in Deutschland an Bürgerhäusern des 16. Jahrhunderts bekannt. Für Tübingen fehlen genaue Daten. Es fällt lediglich auf, daß die Türme hier auf ihren reinen Zweck als Treppenhäuser beschränkt bleiben und weder durch eine das Dach repräsentativ überragende Höhe noch durch die ornamentale Einbeziehung in die der Straße zugewandten Fassade oder besonderen Schmuck über die eigentliche Funktion hinaus gebaut wurden: Tübingens Treppentürme sind ausnahmslos Stiegenhäuser an der Hofseite der Gebäude.

50 Konvikt War es im Mittelalter Ziel gebildeter Fürsten, Universitäten zu gründen, deren Wissen sich vor allem an den Traditionen der Antike und des Christentums orientierte, so wandte sich das Interesse im 16. und 17. Jahrhundert der Errichtung von Ausbildungsstätten zu, die, mehr weltlich-praktisch ausgerichtet, der Herausbildung einer adligen Standeselite dienen sollten.
Auch in Tübingen wurde 1588 der Grundstein zu einer solchen Ritterakademie gelegt. Doch unterschied sich diese Gründung von vergleichbaren Institutionen zunächst dadurch, daß hier (auf Betreiben der Landstände) neben den Söhnen des Adels auch Bürgerkinder aufgenommen wurden, die man – Pendant zu den angehenden Pfarrern und Lehrern im Stift – zu modernen Staats- und Verwaltungsbeamten heranbilden wollte und deshalb, in Ergänzung zur Ausbildung an der Universität, durch eigene Lehrer in allen Techniken der Staatsführung und Kameralistik (Politik, Geschichte, Logik, Römisches Recht, Oekonomie, moderne Sprachen, Naturwissenschaften, Weltkunde), aber auch durch Tanz-, Reit- und Fechtstunden in den Disziplinen höfischer Sitte und diplomatischer Umgangsformen unterweisen ließ. Die wie im Stift vorgeschriebene gleichartige Kleidung der Kollegiaten, der »violblaue feine lange Rock«, evozierte, an die »blauen Mönche« erinnernd, das Nebeneinander der Stände im Sinne der Eberhardschen »Brüder vom gemeinsamen Leben«, von deren zerstörtem Kloster im Schönbuch man die Steine für den Aufbau des Kollegs genommen hatte.
Doch dieses demokratische Experiment dauerte nicht lang; bereits kurz nach dem Unterrichtsbeginn, 1594, erklärte der Herzog sein »et sic finis« (Schluß damit); aus der Beamten- und Verwaltungsakademie wurde ein Collegium Illustre, das nach 1596 nur noch Adlige (»Fürsten und Fürstmässige Graven, Herrn, Ritter und Adelspersonen sampt dero zugeordneten Hoffmeistern und Praeceptoren wie auch ihren Dienern und Jungen«) aufnahm.
Als Ritterakademie für den protestantischen Adel gewann das Collegium in der Folgezeit Ruhm und Ansehen – sehr zum Ärger der Universität, die nicht nur die bessere Ausstattung (reiche Bibliothek, naturwissenschaftliche und astronomische Geräte, Reitanlagen, Ballhaus) und die Exklusivität des Kollegs beklagte (eigene Gerichtsbarkeit, Verbot einer ordnungsgemäßen Immatrikulation an der alma mater), sondern sich vor allem darüber empörte, daß der im Rang eines Oberhofmeisters stehende Leiter der Adelsschule bei öffentlichen Veranstaltungen vor dem rector universitatis rangierte. Erst 1609 kam ein Kompromiß zustande, der der Eberhardina die Gleichrangigkeit zugestand.
Trotzdem blieb die Exklusivität der Ritterakademie unangetastet, selbst dann noch, als sie – nach dem Niedergang im Dreißigjährigen Krieg und einer kurzen Blüte zwischen

1650 und 1660 – mehr und mehr an Bedeutung verlor. Während ihre Professoren (unter denen sich seit jeher so bedeutende Leute wie das Universalgenie Georg Bernhard Bilfinger befunden hatten) das Lehrangebot der alma mater um moderne Fächer, Staatswissenschaften und Ökonomie, bereicherten, diente das Gebäude im 18. Jahrhundert schließlich nur noch als Gästehaus für in Tübingen an der Universität studierende Adlige und als Herberge der zu Besuchen anreisenden Landesherren.

Zu solchen Zwecken war der auf den Trümmern des 1540 ausgebrannten Franziskanerklosters von Baumeister Beer errichtete Renaissance-Bau vortrefflich geeignet: vier um einen Innenhof gelegene Gebäudeflügel enthielten weitläufige, kostbar ausgestattete Zimmerfluchten; dreistökkige Galerien am Süd- und Ostbau – ursprünglich als Zuschauertribüne für die Wettspiele im Hof gedacht – erlaubten einen Umgang auch bei schlechtem Wetter; und das Prunkportal mit farbigem Wappen und Inschrifttafel sowie zwei mächtige (ursprünglich zur Aufnahme der Aborte dienende) Rundtürme zu seiten des über dem Ammerkanal errichteten Nordflügels dokumentierten auch nach außen hin Exklusivität.

Als Nobel-Herberge überstand das Kolleg die nächsten 100 Jahre; erst 1817 wurde die Ritterakademie offiziell aufgelöst und das Gebäude als »höheres katholisches Konvikt« – Wilhelmsstift – den Studierenden der neu errichteten katholisch-theologischen Fakultät überlassen. »Zwecks besserer Raumausnutzung« fielen dieser Umwidmung auf Weisung der Stuttgarter Behörden die großzügige Innenausstattung und die Galerien zum Opfer.

Seit 1976 läßt die Diözese Rottenburg das Gebäude von Grund auf renovieren – eine Aktion, bei der im West-, Ost- und Südtrakt um die Türen herum Renaissance-Malereien zutage traten. Der Hof wurde neu bepflastert und begrünt, der Brunnen restauriert, die Fassaden neu verputzt, wobei allerdings manches etwas zu modernistisch geriet.

51 Das Nonnenhaus Das Nonnenhaus – ein altes, wenn nicht überhaupt das älteste Fachwerkhaus der Stadt – entstand vermutlich schon um 1300, vor dem Bau des Ammerkanals, zu dem hin man ca. 100 Jahre später das sog. »Sprachhaus« – die Abortanlage über dem fließenden Wasser – anbaute.

Wie der Name »Nonnenhaus« besagt, wurde das Gebäude von geistlichen Frauen bewohnt. Es handelte sich um »Sammlungsfrauen«, d. h. um Angehörige eines im frühen 13. Jahrhundert von den Franziskanern gestifteten Laienordens, nach deren Wegzug Graf Eberhard das Haus den Beginen, einer den Sammlungsfrauen in vielem verwandten Gemeinschaft überließ. Noch ein halbes Jahrhundert später war das Anwesen, das wahrscheinlich aus mehreren Gebäuden – Scheuern, Siechenhaus und Wirtschaftsbauten – bestand, teilweise schon in weltlichem Besitz: Nach 1535 wohnte hier der bekannte Botaniker Leonhart Fuchs, der sich an der Ostseite seines Hauses, dort wo heute noch ein paar Beete am Parkplatz liegen, ein kleines Gärtchen anlegte, in dem er zumindest einige der in seinem berühmten »Kräuterbüchlein« von 1543 abgebildeten und beschriebenen einheimischen Heilpflanzen selbst zog: »der ›wild Gagan‹ muß pflantzt werden inn gärten wie ich dann gethon hab mit disem, der hierin abgemalet ist.«

Das große Hauptgebäude mit dem zweistöckigen hohen Dach, das eigentliche »Nonnenhaus«, hatte seine Hauptfront einst nach Norden, zur Nonnengasse hin. Vor dem Eingang befand sich ein kleiner Platz mit einem Ziehbrunnen. Das Haus selbst, das man um 1600 an der Südseite aufstockte, ist im sog. »alemannischen« Fachwerk erbaut, d. h. in der bis ins 16. Jahrhundert hinein vorherrschenden Holzkonstruktion, deren Hauptcharakteristikum die durch einen großen, dekorativ wirkenden Holzstift zusätzlich befestigte »Verblattung« ist. Dieses alemannische Fachwerk wurde im Verlauf des 16. Jahrhunderts vom »fränkischen« abgelöst, bei dem die tragenden und stützenden Balken durch »Verzapfung« miteinander verbunden sind.

Im Gegensatz zu anderen Tübinger Häusern, wo man den späteren Anbau des »Sprachhauses« daran erkennt, daß es in fränkischem Fachwerk erbaut ist, zeigt das Aborthäuschen des Nonnenklosters die alemannische Konstruktion – ein Faktum, das wichtige Datierungshinweise lieferte. Dagegen ist die im alten Stil seitlich am Haus vorbei in den ersten Stock laufende Treppe erst etwa 150 Jahre alt. Die im Giebel noch gut sichtbaren »Fruchtläden«, durch die die Vorräte – von einer »Lotter« (Haspel) hochgezogen – in die Bühnen gebracht wurden, machen deutlich, daß an dieser Stelle – unter dem »Aufzug« – keine Treppe verlaufen konnte.

Heute ist der Gesamtkomplex Nonnenhaus einbezogen in den dritten großen Sanierungsbereich »Hintere Grabenstraße/Botanischer Garten«. Die ersten neuen Anlagen hinter der Metzgergasse an der Ammer – zwischen dem alten Schlachthaus und dem ehemaligen Nonnenkloster – haben einige ineinandergehende Höfe und Winkel erschlossen, die in einen neuen Spazierweg am Ammerkanal entlang einbezogen sind.

52, 53 Tübinger Handwerker Tübinger Handwerker bei der Arbeit in zweien der insgesamt 492 Betriebe: rechts der Schlosser, Vertreter eines Gewerbes, das in Tübingen seit eh und je florierte; links der Geigenbauer: Meister einer Kunst, die hier erst nach dem Zweiten Weltkrieg heimisch wurde. Die alten Gewerbelisten weisen zwar »Bortenmacher«, »Schwertfeger«, »Perruquiers«, »Musiker« und »Ballmeister«, ja, 1867, neben 63 Metzgern und 70 Schuhmachern sogar einen »Porcellainmaler« (für die Pfeifenköpfe der Studenten) und einen »Klaviermacher« auf – nicht aber einen Geigenbauer.
Unterschieden sich die frühen Tübinger Handwerksbetriebe von denen vergleichbarer Städte allenfalls durch die Schwerpunkte (Tuchmacherei, Gerberei), so änderte sich ihre Struktur durch die Universitätsgründung. Von 1477 an finden sich in steigender Zahl Gewerbe, die auf die Bedürfnisse der Hohen Schul zugeschnitten sind: außer Bäckern und Metzgern natürlich Buchdrucker und -händler, aber auch Schneider und Fuhrleute neben Maurern, Schlossern und Schreinern; außerdem die oben genannten »Luxusgewerbe«.
Eine nochmalige wichtige Veränderung brachte die Spezialisierung der naturwissenschaftlichen und medizinischen Fächer seit dem Beginn des 19. Jahrhunderts. Der vergrößerte Bedarf an Laborgeräten und Präzisionsinstrumenten zog Mechaniker, Optiker und Glasbläser nach Tübingen, deren anfänglich kleine Werkstätten (Christian Erbe, 1847; Gottlob Himmel, 1879) sich gegen Ende des Jahrhunderts zu Spezialfabriken entwickelten. Andere Handwerker paßten sich im Laufe der Industrialisierung den veränderten Bedingungen an: Aus Wagnern wurden Karosseriebauer; Schmiede verlegten sich auf Schweißarbeiten, den Kraftfahrzeugbau und Reparaturen; einige Handwerkszweige verschwanden ganz (Siebmacher, Gürtler, Nadler, Seifensieder, Kerzenzieher); Mechaniker und Elektrospezialisten traten an ihre Stelle.

54 In der Bachgasse Die Bachgasse – im vorigen Jahrhundert noch als östliches Teilstück des »Kleinen Ämmerle« im Stadtplan verzeichnet – verdankt ihren Namen dem Ammerkanalsystem, das seit dem frühen Mittelalter die Unterstadt durchzieht. Heute kennt man gewöhnlich nur noch den Hauptkanal; es gibt aber noch zwei weitere künstliche Ammerarme, deren einer außerhalb des Haagtores als westlicher Graben an der Stadtmauer entlanggeführt wurde, während man den zweiten, nur wenige Meter von ihm entfernt, aber innerhalb der Mauern, zunächst dem Graben parallel, dann aber, den Befestigungsanlagen entsprechend, in einem scharfen Knick nach Osten durch die heutige Bachgasse zum sog. »Drecktörlein« laufen ließ, wo er wieder in die Ammer mündete.
Die Bezeichnung »Drecktörlein« läßt auf die Hauptfunktion schließen: dieser zweite Wasserlauf war in erster Linie als Schwemm- und Abwasserkanal für die eben im Ammertal liegende Unterstadt gedacht. Zu diesem Zweck wurde noch bis zum Bau eines modernen Kanalisationssystems im Jahre 1897 jeden Samstagabend beim Haagtor eine Falltüre hochgezogen und der »Brühl«, wie man diesen Stadtteil auch nannte, für eine Stunde mit Wasser für die Straßenreinigung versorgt. In der Bachgasse, so wird berichtet, habe das Bächlein wegen der Wasserpflanzen, die in ihm wuchsen, »das grüne Meer« geheißen.
Von alledem ist heute nichts mehr zu spüren. Der Kanal läuft unterirdisch durch die sauber gepflasterte Straße hindurch, deren asphaltierte Bürgersteige bis an die Hausmauern heranreichen. Kein Misthaufen und kein Vorgärtchen läßt den ehemals recht ländlichen Zuschnitt ahnen; nur die unregelmäßig verlaufende Häuserzeile, das Vor- und Zurückspringen der Gebäude, das der Straße ihren Charme verleiht, bildet hie und da kleine geschützte Ekken aus, die man sich als »Miste« oder Beet vorstellen kann. Die Häuser, in den Fundamenten zum Teil aus dem 15. Jahrhundert stammend, sind ansprechend renoviert; an ihnen können wir die alten Formen noch erkennen: ein hoher Steinsockel (der bei dem schönsten und größten Gebäude, auf dem sich ein dreistöckiges gotisches Dach über zwei durch die Hofeinfahrt getrennte Haushälften erhebt, sogar zweigeschossig ist) trägt das in Fachwerktechnik gebaute Obergeschoß, das – mal hoch mal nieder – bei einigen Häusern verputzt ist.
Das Schema ist immer dasselbe: Unten, im Steingeschoß, Abstellräume, Ställe und Werkstätten, oben die Wohnung. Richtige Keller gab's hier in der Unterstadt nicht.

Man hatte auf Ammerschwemmboden gebaut, zum Teil auf Pfählen im Schlamm.

In der ersten Hälfte des 19. Jahrhunderts gehörten die Häuser der Bachgasse Kutschern, Fuhrmännern, Küfern und kleinen Kaufleuten. (Die Fruchtschranne, der große Vorratskasten, und die städtische »Eich« waren nah.) Die Höfe und Gärten der Gebäude erstreckten sich bis an die Stadtmauern, ehe man sie durch den Bau der Hinteren Grabenstraße und der Schulen am Stadtgraben zerstörte.

55 *Der Ammerkanal* »Mühlen treibt ein Kanal der Ammer, der weitergeleitet / und überdeckt in der Stadt dem Handwerker dient bei der Arbeit«: Tübingens Gewerbekanal – besungen anno 1531 in (ursprünglich lateinischen) Versen: hartes Arbeitsleben in Idyllik verkehrt – so ist es durch die Jahrhunderte hin bis heute geblieben. In Tübingen wird noch das Prosaischste durch das Poetische überhöht, selbst Not und Schmutz romantisiert.

Niemand weiß genau, wann der Kanal angelegt wurde. Im 14. Jahrhundert muß es ihn schon gegeben haben. Vielleicht wurde er von Zisterziensermönchen aus Bebenhausen gebaut, nachdem der große Brand von 1280 den Wassermangel hatte zur Katastrophe werden lassen. Man weiß, daß der Orden Erfahrungen mit der Anlage von Wassergräben hatte. Auf jeden Fall wurde der Ammerkanal die Hauptwasserader der Stadt, an der sich Tübingens Gewerbebetriebe mit ihren Mühlen, Pressen und Hammerwerken, Gerber-, Färber-, Tuchmacher-, Seifensieder- und Schlosserwerkstätten niederließen, denen der Kanal sowohl Wasser als auch Energie (Wasserkraft) lieferte.

Diesen Kanal hatte man schon weit vor der Stadt, am Ammerhof (s. Bild 80), vom Verlauf des Hauptflusses abgezweigt, beim Haagtor in die Stadt hinein- und schließlich so durch sie hindurch geleitet, daß er als Grenze zwischen zwei verschiedenen Stadtteilen angesehen werden konnte: der Oberstadt im Süden und der Unterstadt im Norden.

Unser Bild zeigt ein Stückchen des Altstadtkanals, der hier, an der »Krummen Brücke«, von der Ammer- (früher Gerber-)gasse kommend, bis zum Beginn unseres Jahrhunderts zu einem kleinen, als Viehtränke benutzten Teich aufgestaut war, ehe er hinter den Häusern der Kornhausgasse weiterlief. Hier, zum Wasser hin, öffneten sich die Werkstätten, deren Arbeitsplatz vielfach durch Bretter vergrößert wurde, die man einfach über den Kanal legte; hier drehten sich noch im vorigen Jahrhundert die Wasserräder; hier, in oft drangvoller Enge, wurde gegerbt, gehämmert, gefärbt, die Seife und die Beize gekocht. War es verwunderlich, daß es Anstände gab, wenn der Nachbar »mit seinem unleidlichen Lederbeizen einen solchen Gestank ins Haus« machte, daß es unerträglich wurde? – Die Klagen der Anrainer sind nicht zu zählen: »Er verfaule ihr Haus«, meint eine Hausbesitzerswitwe in der Mitte des 17. Jahrhunderts von ihrem Lohgerber-Mieter, »er verhänge [mit seinen Häuten] dem Vieh seinen Wandel und mache einen solchen Unrat, daß es keineswegs mehr zu ertragen.«

Nun, der Gerber erhielt Bescheid, er solle einen anderen Beizort suchen und nicht mehr, wie bisher, sein Lohmehl in den Kanal schütten. Außerdem wurde er ermahnt, die aus dem »Winkel zwischen den Häusern gegen die Ammer herausführende Holzkehle und den von seinem Cloac heruntergehenden Schlauch« bis zum Wasser zu verlängern. Da hatte es ein anderer, der weiter unten am Kanal wohnte, entschieden besser: Ihm erlaubte man um die gleiche Zeit, seine Häute bei seiner Werkstatt in die Ammer [d. h. in den Kanal] zu hängen, weil »da vorn hinab kein Vieh getränkt wird«.

Viehtränke, Energiequelle, Arbeitselement, Schwemmvorrichtung und »Cloac«: In der Tat, ohne den Ammerkanal lief in Tübingen nichts.

56 *Die Schmiedtorkelter* Man vergißt häufig, daß Tübingen nicht nur Universitäts-, sondern jahrhundertelang – schon vor der Gründung der Hohen Schule – auch Weinstadt gewesen ist. Heute erinnern nur eine humanistisch verkleidete Rebengottheit an der Südostecke des Rathauses, ein modernes Denkmal an der »Krummen Brücke«, die großen Kellertore, im Herbst hie und da ein »Besen« in der Unterstadt und, vor allem, die einzige benutzte Kelter am alten Schmiedtor noch an ein Gewerbe, von dem bis zum Dreißigjährigen Krieg mehr als die Hälfte, zu Beginn des 19. Jahrhunderts noch etwa 40 Prozent der Einwohner lebten. Seit im 13. Jahrhundert die Südhänge der Höhen über dem Ammer- und Neckartal unter Anleitung der Bebenhäuser Zisterziensermönche gerodet und mit mühsam gemauerten Terrassen für den Rebenanbau urbar gemacht wurden, haben (Reinhold Frauendiener hat's nachgewiesen) Tübinger Weingärtner diese Kulturen als Lehensleute

bearbeitet. Die Abgaben waren hoch, aber die Erschließung der großen Umschlagmärkte durch die Feudalherren sicherten eine auskömmliche Existenz. Das änderte sich, nachdem im Dreißigjährigen Krieg die Märkte eingegangen und die Weinberge vernichtet worden waren. Die neuen Rebsorten – eilig und ohne Kenntnis gepflanzt – fanden nur noch schwer Absatz; die Einfuhr ausländischer Weine schuf, allen Verboten zum Trotz, im Lande selbst eine scharfe Konkurrenz; die Preise fielen, die Abgaben waren kaum noch zu bezahlen – schlechte Jahre führten zu hoher Verschuldung mit allen Konsequenzen.
Erst die Unruhen von 1848 brachten eine Änderung der Verhältnisse. Württemberg erließ das sog. Weinzehntablösegesetz, das den weinzehntpflichtigen Weingärtnern anstelle der bisherigen Abgaben auf 15 Jahre die Zahlung eines Ablösegeldes vorschrieb, nach dessen vollständiger Entrichtung die Weinberge dann in ihren Besitz übergingen. Außerdem wurde verfügt, daß mit der Feststellung des Ablösekapitals alle vorhandenen Keltern (die samt Zubehör bis dahin den Feudalherren gehört hatten und nur gegen eine Abgabe benutzt werden durften) ohne Entschädigung in das Eigentum des bisher zehntpflichtigen neuen Weinbergbesitzers übergehen sollten.
Und hier nun beginnt die Geschichte der Schmiedtorkelter: Bis zur Mitte des 19. Jahrhunderts war der Tübinger Wein entweder in den kleinen Gemarkungskeltern gepreßt worden, die man zur Abkürzung der Wege in den Hauptanbaugebieten errichtet hatte, oder aber – wie zu Zeiten der Zisterzienser – in der großen Pfleghofkelter, die, dies konstatierte noch ein amtliches Schreiben von 1858, »wegen ihrer Lage mitten in der Stadt zum Liebling der Tübinger Weingärtner« geworden war. Solange die Benutzung der Pressen abgabepflichtig war, brachte solche Vorliebe den jeweiligen Herren einen beachtlichen materiellen Gewinn. Als dieser jedoch durch das neue Gesetz wegfiel, waren die Weingärtner im staatseigenen Pfleghofgebäude nur ungern gesehen: Die Pfleghofkelter sei, so machte man geltend, »ein besonderer Übelstand, weil eben in diesem Hause auch der Universitätsfechtboden und ein Fruchtkasten« untergebracht wären.
Da aber das Recht auf seiten der Weingärtner lag, mußte man eine Lösung finden. Nach langem Hin und Her wurde im Frühsommer 1858 ein Kompromiß ausgehandelt: Der Staat erklärte sich bereit, »als Ausgleich für den Verzicht auf die Pfleghofkelter den ehemaligen Stiftsfruchtkasten am Schmiedtor und dazu einen Geldausgleich von 4000 Gulden zu geben«. Die Weingärtner akzeptierten schweren Herzens. Im Frühjahr 1859 überführte man das ganze »Kelterwerk« in das neue Haus, wo es zunächst provisorisch untergebracht wurde: »Das Gebäude ist sehr alt«, so der zeitgenössische Bericht des Stadtbaumeisters, »die Erbauung ist unbekannt, der untere Stock ist an drei Seiten mit der $4^1/_2$ Meter und an der vierten Seite mit der 5 Meter dicken Stadtmauer umgeben.«
Große Umbauarbeiten waren nötig; der 1872 auf genossenschaftlicher Basis gegründete Kelternverein führte sie durch. Die alten Ost- und Westtore wurden zugemauert und dafür vier Einfahrten eingebrochen. Sie ermöglichten eine direkte Zufuhr der Trauben zu den modernen Preßmaschinen, die man neben den altertümlichen, aber von den Tübingern zäh verteidigten Baumpressen im Inneren der großen Halle aufgestellt hatte. Nach Westen hin erhielt das Gebäude einen Anbau, den Kelternsaal, der genossenschaftlicher Beratung, gemeinsamen Festen und als Proberaum für den 1845 gegründeten Weingärtnerliederkranz diente.
An dieser äußeren Struktur hat sich bis heute wenig geändert, auch wenn der Verein statt der 493 nur noch 50 Weingärtner zählt und die meisten Weinberge inzwischen zu Obstplantagen oder, wie die stadtnahen Lagen, zu Bauland geworden sind: Statt der 1848 erhobenen 843 Morgen Rebanbaufläche gab es 1969 noch fünf. Aber trotzdem dreht sich auf dem Ostgiebel der Schmiedtorkelter noch die Wetterfahne, die Tübinger Weingärtner dort aufsetzten, als sie den Stiftsfruchtkasten zur Kelter umbauten, und die einen der Ihren zeigt, in Arbeitskleidung – dem Schaffhäs – und mit einigen typischen Utensilien: Schirmmütze, Pfeife, Butten und »Gruber« – Gruber, von schwäbisch »gruoben« = ruhen, ist der Stock, der, unterwegs unter die schweren, nicht abgesetzten Butten gestellt, die Last erleichtern und ein kurzes Ausruhen möglich machen sollte.

57 *Blick vom Garten des Roigelhauses auf Spital und Fruchtschranne* Der Blick geht vom Garten der alten Schloßküferei über die Dächer von Haaggasse und Süßem Löchle zum Schmiedtor hinunter. Da, wo einst die Fuhrleute aus Frankreich und der Schweiz in die Stadt einfuhren, bündelt heute ein Verkehrsknotenpunkt die Autoströme, führt sie an der Altstadt vorbei oder leitet sie auf

vielspurigen Bahnen in die westlichen Vororte und durch den Schloßberg hindurch ins Neckartal. Dieser neuzeitlichen Verkehrsplanung fiel noch vor wenigen Jahren der traditionsreiche Gasthof »König«, die alte »Ausspanne« vor dem Tor, zum Opfer: an seiner Stelle steht heute das in den Berg hineingetriebene Parkhaus. Von oben sieht man das Ausmaß der Zerstörung am besten; nur schwer wollen sich Parkhaus und Verkehrsknoten zu Spital und Fruchtschranne fügen, die hier, am Rande der Altstadt, noch einmal an Tübingens große Zeit im 15. und 16. Jahrhundert erinnern.

Das (oder, schwäbisch, der) Spital ist eine mittelalterliche Gründung, die – ursprünglich von christlichen Bruder- und Schwesternschaften unterhalten – in Tübingen schon früh in kommunale Verwaltung überging. Dabei blieben sich die Verpflichtungen, die den sieben Forderungen der Barmherzigkeit entsprachen, gleich: Es sollten »Arme aufgenommen, Hungernde und Dürstende gesättigt, Fremdlinge beherbergt, Kranke gepflegt, arme Weiber in Geburtsnöten versorgt, ausgesetzte Kinder erzogen und alten Leuten der Barmherzigkeit Fülle gewährt« werden. Offenbar muß der Aufenthalt in dem zweigeschossigen, langgestreckten Bau mit seinem »namhaften«, von einem Fruchtkasten, zwei Scheuern und einem Farrenstall umgebenen Hof recht angenehm gewesen sein, denn wir wissen von reichen Bürgern, ja, von Pfarrherren des 14. Jahrhunderts, die sich im Spital regelrecht »einkauften«, d. h. schon früh für die Zeit ihres Alters vorsorgten und ein Anrecht auf ein bis zwei Zimmer erwarben, indem sie dem Spital große Besitzungen, aber auch ihre Betten und den Hausrat vermachten.

Auf diese Weise wurde die barmherzige Gründung sehr bald zu einer der bestausgestatteten Wirtschaftsunternehmungen der Stadt: mit eigener Mühle im Ammertal, die Mehl »zu brott, mußmehl und den Swinen« lieferte, einem Weinkeller unter dem Rathaus und mehreren Kornböden, in denen die Erträgnisse der weitverstreuten Liegenschaften lagerten. Noch heute trifft der Spaziergänger in den Wäldern um Tübingen gelegentlich auf alte Marksteine, denen eine Hand eingeritzt ist, die eine Semmel umfaßt: das Zeichen, daß man sich an der Grenze des Spitalbereiches befindet.

Im 18. und 19. Jahrhundert begann das Spital, seine Fürsorge auch pädagogischen Einrichtungen zuzuwenden: 1822 wird von zwei Arbeitszimmern berichtet, in denen »gegen 40–50 Knaben von 7–14 Jahren Wolle strichen und spannen, auch Strohböden, geflochtete Schuhe und dergleichen verfertigten«, während in zwei weiteren Räumen »ungefähr 160 Mädchen von 6–17 Jahren« unter Anleitung von drei Lehrerinnen »allerlei weibliche Arbeit« verrichteten: eine Art Industrieschule also, in der die Kinder zur Unterstützung ihrer armen Familien nicht die übliche Kost, sondern einen geringen Lohn erhielten und über ihre Arbeit hinaus »zu Fleiß und Sittsamkeit aufgemuntert und zum Besuch von Kirchen und Schulen angehalten wurden«. – Diese Institution hat, um eine Kleinkinderbewahranstalt vermehrt, bis in die zweite Hälfte des 19. Jahrhunderts hinein bestanden.

Daneben wurde das Heim für »Arme und Gebrechliche« weitergeführt, die im Spital untergebracht und unentgeltlich mit Kost, Wohnung und Kleidung versorgt wurden. 130 weitere Personen erhielten regelmäßige Unterstützung; und was die gesundheitliche Betreuung anging, so versorgte »der Oberamtsarzt die innerlich Kranken« und »der Stadtarmenwundarzt die chirurgischen Fälle«. Da außer den »eigentlichen Hospitaliten« auch »zeitweise kranke Personen aus der Stadt wie aus dem In- und Ausland aufgenommen und verpflegt wurden«, kam dem Spital im 19. Jahrhundert auch die Funktion eines Städtischen Krankenhauses zu.

Heute dient das renovierte und umgebaute Gebäude an der Krummen Brücke der Stadt wiederum als Altersheim. Hinter dem Spital, dem Schmiedtor zu, erhebt sich – an dem mächtigen Dach mit den zu Fenstern erweiterten Fruchtbodenöffnungen erkennbar – Tübingens wohl imposantester Fachwerkbau: der ehemalige herrschaftliche Fruchtkasten. Weite, von schwerem Gebälk getragene Speicherräume bilden gewaltige Geschosse, die nicht durch Zwischenwände geteilt, sondern in denen die einzelnen Pachtrechte offenbar nur durch Gitter oder Verschläge voneinander getrennt waren. Die gesamte Tragkonstruktion besteht aus mächtigen Eichenbalken, während für das Dachgerüst – des Gewichts wegen – Tannenholz verwendet wurde.

Die zur Schmiedtorstraße hin stehende Schauseite ist in ihren zwei Untergeschossen in alemannischer Technik errichtet. Die Formen des »Schwäbischen Mannes« und die Holznägel zur Befestigung der Verblattung sind nach der Befreiung vom Verputz wieder gut zu erkennen. Der ursprünglich fünfgeschossige Giebel ist dagegen in fränkischer Konstruktionsweise verzapft und das Dach später abgewalmt.

Das mächtige Gebäude mit seinen Stockwerkshallen diente der Lagerung von Getreidevorräten; im Erdgeschoß befand sich eine Kelter, die eine Zeitlang mit einem Bindhaus (Küferei) verbunden war. Auf alten Stichen kann man erkennen, daß diese Küferei ähnliche Ausmaße wie der Fruchtkasten gehabt haben muß. Sie ist im 18. Jahrhundert abgebrannt.
Neue Aufgaben bekam der alte Fruchtkasten, als um die Mitte des 19. Jahrhunderts der Hopfenanbau zu einem einträglichen Gewerbe wurde und man plötzlich luftige Lager und Trockenräume brauchte. Damals wurden die Dachräume in allen großen Gebäuden der Stadt vom Rathaus über die Jakobskirche, die Universität und, natürlich, die Fruchtschranne zu Hopfenbühnen »umfunktioniert«, die, zu Beginn des 20. Jahrhunderts, als auch dieser Gewerbezweig unrentabel wurde, langsam wieder verschwanden.
Damit hatte der Fruchtkasten – und diesmal endgültig – seine Bedeutung als zentraler Stadtspeicher verloren. Eine Zeitlang diente er noch als städtischer Bauhof – 1912 wurde er für die neu eingerichtete Gewerbeschule umgebaut. Und als Schule wird er auch heute noch benutzt.

58, 59 Um die Jakobskirche Im Herzen der Unterstadt, im Zentrum der Gôgei (»Gôg« oder »Raup« war die Spottbezeichnung der Tübinger oberstädtischen Bürger für die Weingärtner im Brühl), liegt die Jakobskirche – ein bescheidenes Gotteshaus. Um 1100 in strengem romanischen Stil erbaut und bereits zu dieser Zeit dem heiligen Jakob geweiht, wurde es um 1500 weitgehend umgestaltet und mit einem neuen gotischen Chor versehen.
Aber auch nach dem Umbau blieb die Jakobskirche – abgesehen von einigen rätselhaften romanischen Reliefen, die dem neuen Bau später wieder eingefügt wurden – ein kunsthistorisch wenig belangvoller Bau – der Stiftskirche in jeder Beziehung nachgeordnet, auch was die geistliche Betreuung der Gläubigen betraf. Jahrhundertelang predigten in St. Jakob die Pastoren der niederen Ränge, der Gottesdienst war schwach besucht und mußte in Zeiten großen Arbeitsanfalles in den Weinbergen gelegentlich ganz ausfallen; erst ab 1902 konnte hier getauft und getraut werden und erst 1909, nach der Erhebung zur selbständigen Pfarrei, gab's die erste Konfirmation.
So wenig eindrucksvoll sich also diese Jakobskirche seit der Reformation präsentierte – vorübergehend war sie sogar dem nahegelegenen Spital als Kapelle zugewiesen worden, daher der lange gebräuchliche Name Spitalkirche –, so interessant erscheint sie, wenn man ihre frühe Geschichte betrachtet.
Auf die alte Ammertalstraße hin orientiert, die über Straßburg einen Zugang zum Netz der großen französischen Pilgerstraßen nach Santiago de Compostela bot, ist dies Kirchlein in seinen Anfängen mit großer Wahrscheinlichkeit jener Wallfahrtsbewegung zuzuordnen, die im 11. und 12. Jahrhundert im Namen ihres Heiligen entstand. Hier, in einer der vielen Jakobskirchen, die die großen Pilgerstraßen säumten, beteten die Wallfahrer auf dem Weg ins Allerheiligste ihres Patrons; hier fanden sie vielleicht sogar Aufnahme und Pflege in einem mit dem Gotteshaus verbundenen Hospital, als dessen spätes Überbleibsel man möglicherweise jenes »Klausnerinnen-Haus« ansehen kann, das bis 1477 der Kirche angebaut war.
Von all dem ist heute nichts mehr erhalten, auch nichts von dem alten Friedhof, der, 1490 als »allgemeine Leichlege« von der Stiftskirche in den Brühl verlegt, bis 1541 hier bestand. Eine ursprünglich dem hl. Konrad geweihte Gruftkapelle diente bis 1842 fast 400 Jahre lang der Universität als Theatrum Anatomicum – im Volksmund »Anatomiekirchlein« oder »lateinische Metzge«.
An die Vergangenheit erinnern neben der Kirche selbst heute nur noch die kleinen Weingärtner- und Handwerkerhäuser der benachbarten Gassen und die mächtigen Scheuern, die den Kirchplatz, auf dem noch bis in die fünfziger Jahre unseres Jahrhunderts hinein jeden Freitag der Saumarkt stattfand, nach Westen abschließen.
1976 hat man begonnen, diese zuletzt ungenutzten und langsam verfallenden schönen Fachwerkscheunen – unter ihnen den großen städtischen Salzstadel – zu renovieren und eine von ihnen zu einer Art Bürgerhaus und Treffpunkt für die Tübinger Vereine auszubauen. Dabei blieb die alte fränkische Holzkonstruktion durchweg – auch als Sichtfachwerk im Innern – erhalten; lediglich für den großen Saal mußte ein Fenster ausgebrochen werden, das man dem Stil des Ganzen anpaßte, indem man dem Fachwerk die Riegelfelder herausschlug und die Verglasung hinter den Balken anbrachte.
Restaurierung im Innern – und im Äußeren: Auch der Kirchplatz wurde in die Sanierungsarbeiten einbezogen und zu einem Spiel- und Erholungspark mit Bäumen, kleinen Beeten, Ruhebänken und, auf der anderen Seite, Turn- und Spieleinrichtungen versehen.

Ob der eine oder andere, der jetzt in bequem eingerichteter Lokalität – im gut beheizten, angenehm beleuchteten Bürgerhaus oder auf Bänken in liebevoll gepflegten Anlagen die Atmosphäre einer romantischen Kleinstadt auf sich wirken läßt, daran denkt, daß man hier vor gut 100 Jahren vor Schmutz und Kot nicht gehen konnte, daß Hühner und Gänse frei herumliefen und sich im offen durchfließenden Ammerkanal tummelten, daß sich bis vor 30 Jahren die »Dunglegen« vor den Häusern befanden, daß es eine Gaslaternenbeleuchtung erst seit 1862 und eine Kanalisation erst seit 1893 gibt?

60 *Die Mühlstraße* Der Straßenname legt's nahe: Hier standen einmal Mühlen – angetrieben nicht etwa vom Neckarwasser, sondern vom gleichmäßiger fließenden Ammerkanal, dem dritten und letzten, den man in der Mitte des 15. Jahrhunderts – noch vor der Universitätsgründung also – kurz hinter dem Lustnauer Tor von dem Gewerbekanal abgezweigt und durch eine Einsattlung des Österbergs hindurch in den Neckar geleitet hatte.
Dieser um 1450 gegrabene Kanal, an dem entlang sich ein schmaler Weg zum Neckartor hinzog, war zweifellos als Hochwasserentlastungs- und Mühlkanal geplant; wir wissen von drei Mühlen, die dort seit dem Mittelalter bis ins 19. Jahrhundert hinein bestanden haben. Erst 1885, als Tübingen längst dem Eisenbahnnetz angeschlossen war und der Ausbau des neuen Universitätsviertels an der Wilhelmstraße eine direkte Verbindung vom Bahnhof dorthin immer dringender erscheinen ließ, entschloß sich der Magistrat, den verwunschenen Mühlenweg (Isolde Kurz hat ihn beschrieben) mit seinen Ruinen zur heutigen Verkehrsachse auszubauen. Der Einschnitt zwischen dem Österberg und dem Pfleghofareal am Schulberg ist also ein Werk der Technik und nicht der Natur.
Dem Lauf der neuen Durchgangsstraße von Derendingen nach Lustnau folgend, wuchsen Stadt und Vorstädte zusammen, und die alte Neckarbrücke aus Eberhards Tagen mußte einem neuen, breiteren Flußübergang weichen, der die moderne Hauptstraße in gerader Linie über den Nekkar hinweg fortsetzte. Daß dafür die Reste der alten Toranlagen sowie einige traditionsreiche Gebäude mit abgerissen werden mußten, nahm man in Kauf; das alte Tübingen blieb im Schatten des an ihm vorbeiführenden Verkehrs buchstäblich »links liegen«.
Entlang der neuen Straße entstanden neue Häuser: vier- bis fünfstöckige Wohngebäude mit Läden in den Erdgeschossen und repräsentativen Fassaden, an denen der Renaissance nachempfundene Fensterzeilen mit gotischen Erkern und Treppengiebeln abwechselten, die sich zum Teil wiederum mit Jugendstilornamenten schmückten: historisierender Baustil der Jahrhundertwende – durch sorgfältige Restauration an einigen Gebäuden wieder zur Geltung gebracht.
Wer heute durch die Mühlstraße geht, hat im allgemeinen wenig Gelegenheit, die Straßenfront, die um das Jahr 1900 von Tübinger und Nürnberger Architekten und unter Beachtung besonders ausgearbeiteter Bauvorschriften geschaffen wurde, zu bewundern. Der Verkehr, den weder der 1980 eröffnete Schloßbergtunnel im Westen, noch eine große Umgehungsstraße im Osten der Stadt haben wesentlich vermindern können, erfordert alle Aufmerksamkeit; außerdem geht man unmittelbar unter den Häusern vorbei, von denen man auf diese Weise wenig sieht. Man muß schon den Schulberg hinaufsteigen und von der nordöstlichen Ecke des Pfleghofs in Richtung Lustnauer Tor schauen, um die Mühlstraßenhäuser in ihren charakteristischen Details, aber auch das Fassaden- und Dächerensemble in seiner Gesamtheit wahrzunehmen. Nur von dort oben kann man sehen, daß diese Straße um 1900 mit Recht der Stolz nicht nur ihrer Bewohner, sondern vieler Tübinger gewesen ist.

61 *Olgastraße* Von der Gartenstraße am Neckar zieht sich in großer Serpentine ein Sträßchen am Österberghang in Richtung Wielandhöhe hinauf: die Olgastraße. Sie wurde 1880 als Privatstraße durch die Weinberge angelegt und mit sieben Häusern bebaut, die durch ähnliche Formen und die Verwendung gleicher Materialien – gelber und rötlicher Lehmziegel – auffallen. Es waren zwei Tübinger Bauwerkmeister, Karl Clemens und Gottlieb Dekker, die hier, auf eigenem Terrain und auf dem Grund der ersten Anlieger, den frühesten geschlossenen Villenkomplex in Tübingen schufen: nach eigenen Konstruktionsplänen und mit Materialien, die sie in ihrer Ziegelbrennerei am Gaisweg selbst produzierten.
Die ersten drei Häuser, noch in klassizistisch-strengen Formen erbaut, entstanden 1882/87, die letzten vier 1892/94. Das Ortsbaustatut schrieb eine bestimmte Art der Bebauung vor: Die Gebäude müssen »in landhausartigem Styl ausgeführt werden. Die Vorplätze vor den Häu-

sern sowie die zwischen denselben befindlichen Flächen sind als Ziergärten mit angemessener Anpflanzung anzulegen und zu unterhalten.«
Und so geschah's dann auch, wobei allerdings die Vorschrift »landhausartiger Stil« von den Architekten zusehends weitherziger ausgelegt wurde: Türmchen, Erker und Balkone – vornehm *Avanticorps* genannt – gerieten, wenn sie die Aussicht vom Nachbarhaus aus nicht beeinträchtigen sollten, immer wieder in Kollision mit der Baulinie. Ungezählte Dispensanträge füllen die Akten und sind in ihrer Begründung lesenswert: »Es dürfte bei einer Villenstraße dem Architekten freie Hand gelassen werden, um die Bedürfnisse der Bauenden zu befriedigen.«
Die Bauenden waren überwiegend Professoren: der Mediziner Niemeyer, der Historiker Kugler, der Jurist Hegelmaier, der Religionsphilosoph und Soziologe Troeltsch, ein Rittmeister und, im letzten Haus, ein Kaufmann, der anno 1894 mit der Absicht, eine »Niederdruckdampfheizung« in sein Haus einzubauen, die Aufmerksamkeit der Ämter erregte. Doch die Herstellerfirma konnte beruhigen: Technisch gesehen seien »derartige« Heizungen keine Dampfkessel, so daß die vorhandenen Sicherheitsvorschriften ausreichten. Im übrigen könne man eine solche Anlage besichtigen. Im »Raum Tübingen« sei je eine in Degerloch und Cannstatt in Betrieb – zur vollen Zufriedenheit der Besitzer.
Nun, wenn solch ein Luxus sicherlich die Ausnahme war, so gab es doch auch in den Professorenhäusern einen gewissen neuzeitlichen Komfort und vor allem »reichliche Zufuhr von Licht und Luft und gute Gelegenheit zur Erholung«. Die Hauptwohnung im ersten Stock hatte einen großzügigen Grundriß: Schlafzimmer, Bibliothek, Zimmer des Herrn, Salon, Zimmer der Frau. Speisesaal und Fremdenzimmer lagen um einen großen Vorplatz herum; bei Bedarf wurde der Dachstock für Kinder miteinbezogen. Es scheint allerdings, daß im Prinzip auch in diesen Häusern die Stockwerkswohnungen vorgeherrscht haben; Einfamilienvillen waren in Tübingen vor 1900 selbst bei aufwendigen Neubauten eine Seltenheit.
»Bis wir auf dem Standpunkt der Engländer angelangt sind, d. h. jede Familie ihr Haus allein bewohnt, in welchem unten die Wohn- und oben die Schlafräume sich befinden, wird wohl noch viel Wasser den Neckar herunter fließen«, kommentierten die »Tübinger Blätter« noch 1901, »und doch ist schon vom gesundheitlichen Standpunkt nichts empfehlenswerter als diese Einrichtung.«
Nun, gar so ungesund kann das Wohnen zu mehreren »Parteien« in den Häusern der Olgastraße nicht gewesen sein, sonst wäre sie schwerlich so lange – und heute wieder – eine vor allem von Professoren bevorzugte Wohngegend gewesen: Halbhöhenlage und Stadtnähe ideal kombinierend, und dazu in jenem historisierenden Stil erbaut, der heute langsam wieder in Mode kommt.
Der Tübinger Zeitungsverleger Ernst Müller hatte recht, als er 1963 meinte: »In den Backstein-Erkern und Rundtürmen der Olgastraße läßt es sich heute nicht schlechter wohnen als in Landhäusern privaten Geschmacks. Adolf Schlatter hätte kaum ein so gesegnetes Alter erreicht, hätte er als prominenter Olgasträßler nicht so luftig-geräumig wohnen können.«

62 Verbindungshaus auf dem Österberg (Haus der Hohenstaufen, Zollernstr. 13) »Es gibt im ganzen deutschen Reiche, selbst Jena und Leipzig nicht ausgenommen, keine Universität, in der das Korporationsleben in solcher Blüte stünde, wie in Tübingen, keine, für welche die betreffenden Altherrenschaften solche Kapitalien aufgebracht haben, um ihren Korporationen eine Heimat zu schaffen.«
In der Tat, der Alte Herr, der hier, 1902, stolz Bilanz zog, hatte Grund, so zu sprechen: feierte er doch nicht nur das 25jährige Bestehen seiner Verbindung, sondern zugleich auch den Einzug in das neue Hohenstaufenhaus auf dem Österberg, das – wie der Festredner zum 90jährigen Jubiläum, 1970, betonte – »im Stil aus der Zeit der Hohenstaufenkaiser erbaut, eine Ahnung vom Lebensgefühl jener großen Zeit zu uns herüberholen will«. Diesem Ziel sollte offenbar auch die »heraldisch möglichst echte und stilgemäße Innenausstattung« dienen: »farbige Fenster, Wappen und Malereien« sowie »wertvolles geschnitztes Mobiliar«, das mit seinem historisierenden Eklektizismus dem wilhelminischen Repräsentationsbedürfnis entsprach.
Es wäre jedoch falsch zu glauben, die Hohenstaufen allein hätten sich solch musealen Luxus geleistet – im Gegenteil: seit es ungefähr Ende der siebziger, Anfang der achtziger Jahre unter den Korporationen Mode geworden war, das alte »Cav«, die Stammkneipe in speziellen Tübinger Lokalen (»Neckarmüllerei«, »Boulanger«, »Hanskarle«, »König«, »Pfalz«, »Eifertei« und wie sie alle hießen), aufzugeben und ein eigenes Haus zu beziehen, waren auf dem Schloßberg, in der Neckarhalde, in der Gartenstraße und,

vor allem, auf dem Österberg, in rascher Folge jene Verbindungspaläste entstanden, die ihren Stil häufig dem Namen der Korporation anglichen: Die »Ulmia« baute im Stil des Ulmer Rathauses, die »Frankonia« errichtete ein Renaissanceschlößchen. Nur die »Guestfalen« entschieden sich, »alle Stile vermischend«, für ein Gebäude »im neuesten Zeitgeschmack«.
All diese Bauten, zu denen sich damals noch – unten an der Neckarbrücke – das »vornehme« »Schwabenhaus« und (1944 zusammen mit dem benachbarten »Uhland-Haus« durch eine Luftmine zerstört) das »Bierkirchle« der »Germanen« gesellte, bilden noch heute einen typischen Bestandteil des Tübinger Stadtbildes und repräsentieren ein Stück studentisches Leben, an dem bis 1933 die Majorität der Tübinger Alt- und Jung-Akademiker teilhatte.

63 Altes Schwabenhaus Beinahe hätte es der Gemeinderat 1972 noch abreißen lassen. Heute dagegen ist es als Kulturdenkmal eingetragen und als »sehr bedeutender Vertreter der Studentenhausarchitektur um die Jahrhundertwende«, ja, »als eines der besten und singulären Bauten dieser Zeit in der Stadt überhaupt« unter besonderen Schutz gestellt.
Schon 1900, kurz nach seiner Fertigstellung, hatte die Zeitung das im Garten der früheren Hallerschen Neckar-Badeanstalt »vornehm an das Flußufer hinabgebaute Rococo« des »Schwabenhauses« gerühmt, das bis zur Suspendierung der Verbindung im Jahre 1936 dem Corps »Suevia« als Wohn- und Gesellschaftshaus diente und dessen architektonischer Mittelpunkt das erste Stockwerk war, in dem ein großer, sieben Meter hoher und mit gewölbter Holzdecke ausgestatteter Kneipraum über 100 Personen Platz bieten konnte.
Dieser Raum war es vor allem, der, neben der zentralen Lage, der jetzigen Benutzung des Gebäudes als Sitz der Tübinger Volkshochschule entgegenkam. Aber ehe es soweit war, gab es jahrelange heftige Diskussionen, denn um das in Kriegs- und Nachkriegszeiten durch die verschiedenen Mieter stets nur notdürftig reparierte Gebäude wieder instandzusetzen, hätte es großer Geldsummen bedurft. Deshalb erschien es den Stadtvätern sinnvoller, das Haus abzureißen und den Bauplatz zusammen mit dem nebenan gelegenen Gelände der ehemaligen Neckarmüllerei für ein Großprojekt – Hotel, Kaufhaus, Arztpraxen, Gaststätte, Wohnungen – zur Verfügung zu stellen.
Inzwischen aber waren – belehrt durch den Abriß des gläsernen Palmen- und Gewächshauses im alten botanischen Garten – die ersten Tübinger Bürgerinitiativen auf den Plan getreten. Mit ihrer Hilfe gelang es 1972, der Stadt den Abriß des Schwabenhauses durch Gerichtsentscheid zu untersagen. Das Haus – so die Begründung des Amts für Denkmalpflege – sei »auf einem Bauplatz von hervorragend schöner Lage, aber nicht als prunkhaftes Gebäude mit teuren Türmchen, Erkern und Giebeln sondern als einfaches vornehmes Haus« errichtet worden und fiele im Vergleich mit anderen Verbindungshäusern »vor allem durch die künstlerische Qualität« auf: »Mit seiner an französische Rokokobeispiele gemahnenden Haltung spricht es eine weltläufige Sprache und setzt sich sowohl visuell als auch geistig mit seinem leichten, heiter beschwingten Habitus wohltuend von den martialischen Trutzburgen anderer studentischer Verbindungen ab.«

64 Neue Aula »Der Feiertag hatte aus der ganzen Umgegend Schaaren von Landsleuten herbeigezogen, deren sonntägliche Tracht und unverhehltes Staunen in der Menge sich sehr gemüthlich bemerklich machte. Trotz des großen Zudrangs erregte nicht die mindeste Störung oder Unordnung einen unangenehmen Eindruck. Ungetheiltes Lob verdiente und erhielt namentlich die würdige Haltung der Studierenden, welche, als Führer, den verabredeten Obliegenheiten auf das pünctlichste und anständigste nachkamen, als Theilnehmer am Festzug aber ihren selbstgewählten Befehlshabern freundlich folgten.«
Beschreibung eines Festtags an Mariä Himmelfahrt im Jahre 1841: unter dem Geläut der Stadtkirchen und den Böllerschüssen der am Österberg eigens zu diesem Anlaß aufgefahrenen Kanonen legt der Kronprinz von Württemberg den Grundstein des neuen Universitätshauses im Ammertal.
Jahrelange Planung und heftige Diskussionen über den Standort innerhalb der Altstadt (Münzgasse, Pfleghofareal) oder auf freiem Feld (Botanischer Garten oder Lustnauer Straße) waren vorausgegangen, die erst im Herbst 1838 durch den König, der alle vorgesehenen Plätze persönlich angesehen hatte, zugunsten eines auch vom Initiator des ganzen Unternehmens, Robert von Mohl, favorisierten Baus im Ammertal entschieden wurden. Die von Mohl überlieferte Begründung für diesen Beschluß bleibt bemerkenswert: »Die Vortheile dieser Stelle bestanden

vor allem in ihrer freien Lage, welche den Gebäuden jede beliebige Ausdehnung und Stellung zu geben erlaubte; dann aber auch in der unmittelbaren Nähe der anderen Universitätsanstalten, nämlich des botanischen Gartens, der Reutbahn und der Anatomie. Daß die Entrückung außerhalb der Stadt durch den Aufbau von Privathäusern in Kurzem wieder bequem werden würde, durfte man mit Wahrscheinlichkeit erwarten; außerdem schien die Verlegung des wichtigsten Gebäudes der Stadt gerade in diese Gegend die einzige Möglichkeit einer bedeutenden Vergrößerung des alten und engen Tübingens zu sein.«

Man sieht: Was sich später oft wiederholen sollte, daß die Planung der als »wichtigste Gebäude« bezeichneten Universitätsbauten wie selbstverständlich die Entwicklung der Stadt bestimmt, zeichnet sich hier, 1841, zum ersten Mal ab.

Da die alte Fahrstraße nach Lustnau das vorgesehene Universitätsgelände durchschnitt, verlegte man sie kurzerhand in Richtung Österberg und verlängerte den Mühlgraben auf einer schnurgeraden Trasse nach Nordosten. So entstand die heutige Wilhelmstraße.

Das Universitätsgebäude selbst, um dessentwillen man die ganzen Schwierigkeiten auf sich genommen hatte, wurde um einen ca. 40 Meter breiten Grünstreifen von der Fahrbahn zurückgesetzt. Es war ein in strenger klassizistischer Manier errichteter dreigeschossiger Bau mit vorgezogenem Mittelstück und Eckpavillons, den rechts und links zwei in gleichem Stil errichtete Institute flankierten. Ein dreigliedriger Komplex also, diese Aula Nova, die eine große Allee mitten durch die umliegenden Parkanlagen hindurch mit den Gebäuden des zweiten – klinischen – Zentrums verband: dem neuen Universitätskrankenhaus (heute Hygiene-Institut) und der Medizinischen Klinik (heute Theologicum).

Diese Gesamtkonzeption wurde freilich schon im 19. Jahrhundert durch eine Fülle von Neubauten zerstört und auch von Mohls Neuer Aula blieb am Ende nur noch die Fassade übrig.

Hatte man zunächst, 1883, versucht, die Eckpavillons zu Seitenflügeln zu vergrößern (zumindest auf der einen – der westlichen – Seite) und von den Parkanlagen jedenfalls das »Silcherwäldchen« zwischen dem Hauptgebäude und der heutigen Hölderlinstraße zu erhalten, so sah man sich 1931 zu Radikalmaßnahmen gezwungen, weil weder die sanitären Anlagen noch die Heizung modernen Anforderungen entsprachen (die Hausmeister hatten winters 39 Öfen mit Hilfe von 150 Eimern Kohle zu befeuern) und das rapide Ansteigen der Studentenzahlen (1840: 739, 1930: 3204) eine Vermehrung der Hörsäle und Seminarräume unabdingbar machte.

Nach langem Hin und Her entschloß man sich, auf eine moderne Lösung zu verzichten und den klassizistischen Stil auch für die neuen Teile beizubehalten. Damals, 1931, bekam die Neue Aula ihre heutige Gestalt mit Seitentrakten, die, von der Wilhelmstraße zur Hölderlinstraße geführt, etwa in der Mitte durch eine breite Querspange verbunden sind, an die sich zur Hölderlinstraße ein kleiner »Ehrenhof« anschließt. Aber auch dieses, für die Verhältnisse der dreißiger Jahre geräumige Gebäude ist inzwischen längst wieder zu klein geworden. Fakultäten und Seminare sind ausgezogen, der Präsident, der an die Stelle des Rektors getreten ist, residiert nebenan im Flügelgebäude der Alten Botanik, und die Säle, Auditorium maximum und Festsaal, fassen bei großen Konzerten und Veranstaltungen die Hörer nicht mehr: Lautsprecheranlagen übertragen die Vorlesungen von einem Saal in den anderen.

Und dennoch – wie sagte Robert von Mohl anno 1841 in seiner Rede anläßlich der Grundsteinlegung der Aula Nova? »Nicht die Ausdehnung und die Zier der Gebäude, die Vollständigkeit des gelehrten Arbeitsgeräthes und die Zahl der zur Thätigkeit Berufenen sind als Maaßstab des Werthes und der Wirksamkeit der wissenschaftlichen Anstalt zu nehmen: Der Geist des Einzelnen ist das belebende Princip.«

65 Universitätsbibliothek, Altbau »Koenigliche Universitätsbibliothek« steht, in Stein gemeißelt, über dem rund vorgezogenen Eingang; an den Simsen über den Fenstern der Erdgeschoß-Wandelhalle sind 12 Portraitmedaillons von Dichtern und Denkern angebracht: Homer, Platon, Leonardo, Shakespeare, Goethe, Schiller, Leibniz, Kant, Dante, Luther, dazu, hommage an den Gründer des Reichs, Otto von Bismarck und, rührende Huldigung für einen aufrechten Schwaben, Ludwig Uhland. Dem Geist eine Heimat, hieß die Devise. Es wurde auch Zeit, denn mit angemessener Unterkunft für Bücher war es in Tübingen nicht zum besten bestellt (ehe, 1912, der neue, von dem Stuttgarter Architekten Paul Bonatz errichtete Bau bezogen werden konnte) und dies, obwohl nahezu alle regierenden Fürsten auf die Notwendigkeit einer wohlausgestatteten und den Studenten nützlichen »liberi« aufmerksam gemacht hatten. Jahrhundertelang befand sich Tübingens Universitätsbibliothek in deplorablem Zustand: Nachlaßschenkungen und Pflichtexemplare der einheimischen Drucker waren lange Zeit die einzigen und recht zufälligen Zugänge gewesen, und schlecht bezahlte Professoren der Philosophischen Fakultät die einzigen Bibliothekare – im Nebenberuf, versteht sich.

Dieser Zustand änderte sich zum ersten Mal, als es »Tübingens unbequemstem Bibliothekar«, Robert von Mohl, gelang, den Rittersaal des Schlosses, das der König 1816 der Universität überlassen hatte, zur Bibliothek auszubauen: Erst jetzt konnte ein großer Teil der Bestände aufgestellt, die notwendigste Katalogisierung und gezielte Anschaffung vorgenommen werden.

Freilich war das Schloß, der miserablen Tübinger Wegeverhältnisse wegen, nur schwer erreichbar, die Feuergefahr in dem alten, völlig heruntergewirtschafteten Gemäuer groß, und schließlich gab es so gut wie keine Möglichkeit, das Areal zweckmäßig, etwa durch Magazine, zu erweitern.

All diese Überlegungen hatten Robert von Mohl schon früh veranlaßt, mit dem Universitätsneubau zugleich die Errichtung einer eigenständigen Bibliothek voranzutreiben. Doch als er kurz vor der Vollendung der Neuen Aula in Ungnade fiel und die Universität verlassen mußte, wurde auch sein Plan, gegenüber dem Lehrgebäude ein ihm architektonisch entsprechendes Bücherhaus zu errichten, durch andere Projekte in den Hintergrund gedrängt. Erst zu Beginn unseres Jahrhunderts nahm man ihn wieder auf: 1912 konnte Paul Bonatz das Mohlsche Projekt endlich realisieren.

Damals standen 527 000 Bücher in den Magazinen, betreut von 17 Angestellten, ausgeliehen an 2000 Studenten. 50 Jahre später, 1963, waren es 1,2 Millionen Bände, die von 11 000 Studenten benutzt werden konnten. Rund 90 Mitarbeiter sorgten für den reibungslosen Ablauf der Arbeiten innerhalb einer Institution, die den Krieg ohne Einbußen überstanden hatte und so zum begehrten Arbeitsplatz geworden war – zum begehrten und wieder einmal durch Raummangel bedrohten. Im Gegensatz zum Ausbau der Neuen Aula aber versuchte man bei der Erweiterung von Magazinen, Tresoren und Benutzereinrichtungen in den sechziger Jahren nicht, den Bonatzbau stilecht zu vergrößern, sondern errichtete einen modernen Neubau, der durch einen Zwischentrakt mit dem alten Zentrum verbunden wurde.

Heute wird in diesem Gesamtkomplex ein Bücherbestand von 1,4 Millionen Bänden betreut (Vergleichszahl: 1818, beim Umzug aufs Schloß, waren's 60 000), ein Bestand, der freilich schon jetzt nur mit Mühe – will heißen mit Hilfe immer neuer raumsparender Stelltechniken und, hier beginnen die Provisorien, durch Auslagerung unterzubringen ist: Ein Teil der Dissertationen lagert seit 1981 in einer Derendinger Halle.

66–68 Studentsein 1981

69 Das Neuphilologicum Wilhelmstr. 50 Vor 100 Jahren studierten in Tübingen 1300 Studenten – heute sind's mehr als 20 000. Vor 100 Jahren befand sich unter den Studierenden keine einzige Frau (die ersten kamen zu Beginn des Jahrhunderts; noch 1876 hatte der Senat der Universität die »Zulassung von Frauen zum Besuch der Vorlesungen principiell abgelehnt« – mit 16 gegen 9 Stimmen), heute sind's 7500 (36% der Studierenden).

Vor 100 Jahren – und so blieb es bis 1933 – waren die beiden theologischen Fakultäten, zusammen genommen, die stärksten, von Medizinern und Juristen gefolgt – heute (der Boom begann am Ende der fünfziger Jahre) stellen die Angehörigen der alten philosophischen Fakultät, Lehramtskandidaten und Pädagogen voran, der Hauptkader: 7897, gegenüber 2015 Theologen, 3498 Juristen und Volkswirten, 2684 Medizinern und 4492 Naturwissenschaftlern.

Vor 100 Jahren betrug die Zahl der Landeskinder unter den Studierenden etwa 60 Prozent (zwischen den beiden Weltkriegen waren's nur etwas mehr als 50%) – heute ist Tübingen wieder das geworden, was es bis zum Beginn des Kaiserreiches war: eine reine Landesuniversität. Von 19 196 Studierenden deutscher Nationalität (dazu kommen 902 Ausländer), die im Sommersemester 1981 die alma mater Tubingensis frequentieren, kommen 15 791 (82%) aus Baden-Württemberg.

1954: zum ersten Mal mehr als 5000 Studenten; 1962: mehr als 10 000; 1973: mehr als 15 000, 1980: mehr als 20 000. Kein Wunder, daß die Wohnungsnot beängstigend, das Verkehrschaos total, der Mangel an Arbeitsplätzen im Labor, in der Anatomie, im Seminar bedrohlich und die 12-Uhr-mittags-Situation in den Mensen während des Semesters dramatisch ist.

Trotzdem, ein paar Oasen gibt es immer noch: die Universitätsbibliothek zur Frühmorgenszeit zum Beispiel oder das in Kooperation von Fakultät und Bauamt entworfene,

1974 bezogene und von den Studenten Bert-Brecht-Bau getaufte Neuphilologicum (s. Bild 69) mit dem Parlatorium als Verweil-, Ruhe- und Disputationszone (Bild 68), oder die Bänke vor den großen Hörsälen im Kupferbau: da schlägt die Massenbetriebsamkeit plötzlich in Verlorenheit um. Samstagmorgen, oft schon Freitagnachmittag, wenn auf den universitätseigenen Parkplätzen die Schranken hochgehen, sind die Lehrstätten wie ausgestorben; die Universitätsbibliothek leer, das Parlatorium in ein Silentorium verwandelt, die Hörsäle verschlossen (Ausnahmen bestätigen die Regel); bis zum Montagmorgen hat sich der Betrieb in die Buden, Kneipen, Wohngemeinschaften, in den Schönbuch, auf die Alb oder in die Elternhäuser der Heilbronner und Stuttgarter Wochenendfahrer verlagert. Nur die Emeriti sind dann im Bücherhaus der Universitätsbibliothek anzutreffen und die Unentwegten, die, am Sonntagmorgen, die für den Lehrkörper geöffnete Bibliothek im Neuphilologicum benutzen, die Naturwissenschaftler in ihren Labors bei den Rund-um-die-Uhr-Vorhaben, die Ärzte in den Kliniken und die gelehrten Frühprediger in Stifts-, Jakobus- und Johanneskirche.
Gänzlich ruht der Großbetrieb Universität Tübingen auch am Wochenende nicht, es wird, so scheint's, nur ein wenig Atem geholt.

70 Im Tropicarium des Neuen Botanischen Gartens auf der Morgenstelle Die Kinder, die hier die riesigen Bananenblätter bestaunen, durchwandern gerade den tropischen Regenwald zwischen Mexiko und Peru – allerdings nicht im Amazonasgebiet, sondern im Tropicarium des Neuen Botanischen Gartens auf den nördlichen Höhen der Stadt. Da, wo auf dem von zwei Seiten abschüssigen Gelände zwischen dem Heubergwald und der Käsenbachschlucht um 1960 noch die Schafe unter krüppeligen Obstbäumen weideten, hat der Architekt Walter Rossow in Zusammenarbeit mit den Botanikern der Universität seit 1963 einen terrassenförmig abfallenden Garten geschaffen, der in sechs nach den neuesten wissenschaftlichen Erkenntnissen gestalteten, die natürlichen Lebensgemeinschaften der Pflanzen reproduzierenden Anlagen in gleicher Weise ästhetischen Genuß und wissenschaftliche Belehrung vermittelt.
Da gibt es eine Abteilung Stauden und Ziersträucher, ein Alpinum und eine kleine Schwäbische Alb, von der man durch einen japanischen Rhododendronhain in die farnbestandene Primelschlucht hinabsteigt, die zusammen mit der benachbarten Heidelandschaft den Anschluß ans Elysium und den Wasserfall in der Käsenbachschlucht herstellt; da gibt es aber auch – unterhalb der großen Gewächshausanlage – das sog. »System«, den alten hortus systematicus, neben dem hortus medicus der Heilkräuterkulturen die Urzelle aller botanischen Gärten, wo Pflanzen in ihren Eigenarten erkannt und nach ihren Gattungsmerkmalen geordnet werden können; da gibt es – der Wissenschaft und dem Gärtner in gleichem Maße dienlich – eine »Ökologie« zur Erforschung der Wechselbeziehungen zwischen den Pflanzen und ihrer Umwelt (Klima, Bodenbeschaffenheit, aber auch anderen Pflanzen und Tieren); und da gibt es vor allem den Gewächshauskomplex, der mit seiner vom tropischen Urwaldwuchs bis zur (nur mit Hilfe eines »Kühlhauses« zu kultivierenden) Hochanden- und Tundravegetation konsequent durchgeführten ökologischen und geographischen Gliederung ein europäisches Unikum ist.
Hauptattraktion (nicht nur für Schulklassen) aber ist das gut 800 Quadratmeter große Tropicarium, das auch optisch als Zentrum der Gesamtanlage erscheint. Fünf Sechsecke aus Stahl und Glas, deren Struktur den Schirmspeichenköpfen des Wiesenkerbels nachgebildet wurde, liegen um ein ebenfalls hexagonales 15 Meter hohes Zentrum, das Raum für den tropischen Regenwald bietet.
Bei einer Luftfeuchtigkeit von 85 bis 95 Prozent und einer Temperatur von 18° bis 25° Celsius gedeihen hier Gummi-, Feigen-, Eben- und Eichenholz-, Kaffee- und Kakaobäume neben Bananen- und Zuckerrohrpflanzen. Am Bach und in kleinen Teichen stehen Papyrusstauden und Lotosblumen.
Der Direktor des Gartens, Franz Oberwinkler, hat's beschrieben: »Die in mehreren Stockwerken wachsenden Arten veranschaulichen die überquellende Lebenskraft der tropischen Gewächse: der Balsaholzbaum und die Maulbeerbaumgewächse repräsentieren die Baumschicht. Zwischen und an ihnen schlingen sich Lianen empor, trompetenblütige Nachtschatten- und dunkel-saftgrüne, großblättrige Ahornstabgewächse. Andere wiederum haben die Bäume selbst als Standort gewählt (Epiphyten), allen voran die Arten der Ananasgewächse, gefolgt von auffällig leuchtenden oder zierlich unscheinbaren Orchideen. Gelegentlich hängen auch dickfleischige Kakteen von den Ästen. Die schattenliebenden Kräuter und Stauden schließlich bewachsen den Boden: Begonien und Fuch-

sien, Akanthus und Gesneriengewächse sind darunter. Die Feuchtigkeit und Dunkel bevorzugenden Farne und Moose mit üppigen, zum Teil bärtig herabhängenden Wuchsformen verdichten das tropische Grün. Die Artenfülle der emporschießenden, klimmenden, windenden, aufsitzenden und kriechenden Pflanzen ist [fast] erdrükkend.«

Ermöglicht wird diese Pracht durch eine moderne Technik, der es zu verdanken ist, daß die verantwortlichen Gärtner, wie es der technische Leiter, Alfred Feßler, nennt, ihre »eigenen Wettermacher« sind: »Mit der Zu- und Abluft wird der Wind erzeugt, und aus Riesenschläuchen läßt man es regnen; Hochdruckdüsen sorgen für den Nebel, die Wärme liefert – zumindest im Sommer – die Sonne und ein selbstschattierendes Glas schützt die Pflanzen vor der gleißenden Glut.«

Ein Wunderwerk der Technik also: dieses neue, von dem Bauhausschüler Hermann Blomeier erbaute Tübinger Tropicarium – ein Paradiesgarten, Schönheit und Erkenntnis vermittelnd, auch die Gesamtanlage von Tübingens drittem hortus botanicus: ein großer Gewinn auf den Höhen der Stadt – erkauft mit schwerem Verlust im Tal. Während man hier, auf der Höhe »brachliegendes Land in einen blühenden Garten verwandelte« (wie dieser Prozeß vor 100 Jahren beschrieben worden wäre), verfiel der hortus medicus et systematicus in der Wilhelmsvorstadt: Das Palmenhaus – ein Orangerie-Bauwerk mit Seltenheitswert – schien das zu seiner Erhaltung benötigte Geld nicht wert zu sein und fiel anno 1970 einer Planierraupe zum Opfer; die alten Bäume wurden in einem die Botaniker bedrückenden Maße dezimiert; die Pflanzen – teilweise rarissima von großer Bedeutung – an den neuen Standort versetzt. Aus Hugo von Mohls botanischem »Gesamtkunstwerk« mit einem – nach englischem Muster entworfenen – Arboretum, sorgfältig gepflegten Garten- und Demonstrationsanlagen, Aquarium und Gewächshaus ist eine simple Grünanlage geworden – und selbst die scheint im Zeichen verwegener Verkehrsplanungen schon wieder gefährdet zu sein.

71 *Botanischer Garten und naturwissenschaftliche Institute auf der Morgenstelle* Vom Botanischen Garten nur durch eine schmale Zufahrtsstraße getrennt, liegt auf der Kuppe, die das Gelände nach Süden begrenzt, ein dominierender, in sich vielfach gestaffelter Gebäudekomplex: die Institute der naturwissenschaftlichen Fachbereiche auf den einstigen Obstbaumwiesen der Morgenstelle.

Fünf mächtige Hochbauten, die durch ihre gleichförmige, mittels umlaufender Balkone betonte Horizontalgliederung als einheitliche Formation erscheinen, liegen um ein Bibliotheks- und Hörsaalzentrum herum, das, wie es der zuständige Universitätsbaudirektor, Detlef Lembke, beschreibt, »in mehreren Ebenen über- und unterirdisch die Verbindung zwischen der höher gelegenen Gruppe der Chemischen Institute (im Bild rechts) und den talwärts vorgeschobenen Gebäuden der Physik (im Bild in der Mitte und links) herstellt. Im Hörsaalbau sind neun zentrale Hörsäle und drei Fachbereichsbibliotheken untergebracht; die Hallenräume und die begehbaren und begrünten Terrassen bilden einen großzügig ausgestatteten kommunikativen Bereich für alle hier untergebrachten Fachrichtungen.«

Der Bau dieses Institutskomplexes geht zurück auf den Generalbebauungsplan von 1958, in dem erstmalig die Erschließung der nördlichen Höhengebiete für die Erweiterung von Stadt und Universität befürwortet wurde. Schon in diesen ersten Überlegungen war den Naturwissenschaften Priorität eingeräumt worden, die in der Denkschrift von 1963, mit der die Planungsphase für das Gebiet Morgenstelle ihren vorläufigen Abschluß fand, konkret sichtbar wurde.

Dieser Bauplan von 1963 nämlich sah erstmalig vor, auf dem etwa 12000 Quadratmeter großen Areal einen geschlossenen Institutskomplex mit für alle naturwissenschaftlichen Fachbereiche gemeinsam zu nutzenden Laboratorien, Werkstätten, Isotopenlabor, Hörsälen, Bibliotheken, zu errichten. Es war ein Unternehmen in einem für Tübingen bis dahin unvorstellbaren Umfang, ein Projekt, das die Universität – die, was ihre Neubauten nach dem Kriege anging, immer weit hinter anderen Hochschulen zurückgestanden hatte – ihren Rückstand mit einem Schlage aufholen ließ.

Nach immer neuen und zum Teil sehr bedrohlichen, finanziell bedingten Verzögerungen konnte man 1968 mit dem Bau der ersten Institute beginnen, der dank der sog. »Typenplanung« schnell vorankam.

1972 konnten die ersten Fachbereiche in ihre neuen Gebäude einziehen, 1975 war der Gesamtbau mit Fertigstellung der Mensa, die auf eine Kapazität von 5000 bis 6000 täglichen Essen berechnet war, abgeschlossen. Während in die freigewordenen Institute im alten Universitätsviertel

– dem Plan von 1958 folgend – jene geisteswissenschaftlichen Fachbereiche einzogen (die ehemalige juristische und philosophische Fakultät), die für ihre Arbeiten nicht auf kostspielige technische Apparaturen angewiesen waren, begann man oben auf der Morgenstelle damit, den ungeheuren Eingriff, den diese Institutssiedlung für die Tübinger Landschaft bedeutete, so gut es ging durch Baumpflanzungen und Gartenanlagen zu mildern und den neuen Stadtteil »bewohnbar« zu machen.

72 *Blick vom Neubaugebiet Wanne auf die naturwissenschaftlichen Institute der Morgenstelle, das neue Klinikum auf dem Schnarrenberg, den Schloßberg und die Schwäbische Alb* Ein Blick vom höchsten Gebäude der Tübinger Nordstadt, dem Internationalen Studenten- und Dozentenwohnheim, auf die Häuser des Wohngebiets Wanne (vorn und rechts im Bild) und die Institutsbauten der Naturwissenschaftler auf der Morgenstelle (rechts hinten), über die »Physiologische Chemie« (Mitte hinten) und die medizinische Klinik (links neben »Physiologischer Chemie«) hinweg zum Schloßberg (erster bewaldeter Höhenzug links im Bild) und weiter über Derendingen (links ganz hinten vorm Waldrand), Weilheim und Kilchberg (nach rechts hin anschließend) zum Rammert und zur Kette der Schwäbischen Alb – ein Blick nach Südwesten, der zweierlei deutlich macht:
Zum ersten zeigt er die »Wanne«, Tübingens frühestes Höhenwohngebiet, das, nachdem die Max-Planck-Institute (im Anschluß an unser Bild links zu denken) vorangegangen waren, seit 1960 als selbständiger Stadtteil mit eigenen Versorgungseinrichtungen zunächst weit außerhalb der Stadt am Fuße des Heubergwaldes und über dem Talabschluß des Käsenbachs entstand: eine Siedlung mit sechs einzeln stehenden, hohen Gebäuden, Wohnblöcken des sozialen Wohnungsbaus und Einfamilienhäusern, zu der die Stadt inzwischen längst emporgewachsen ist.
Zum zweiten wird die dominierende Rolle der Universität im Ortsgefüge sichtbar: Jahrhundertelang Beherrscherin der Oberstadt, regiert sie heute mit den Bauten ihrer naturwissenschaftlichen und medizinischen Fachbereiche die Polis von den Hügeln herab: größter Dienstleistungsbetrieb Tübingens mit 7266 Beschäftigten, 20098 Studenten und einem Jahresetat von über 400 Millionen DM.
Von der Wanne aus betrachtet erwecken die großen Betonklötze, die sich durch den Ausbau des medizinischen Zentrums auf dem Schnarrenberg (von dem bisher nur die »Innere Klinik« in Betrieb genommen ist) in den achtziger Jahren um ein Vielfaches vermehren werden, in ihrer Weise ähnliche Gefühle, wie sie die Besucher Tübingens in früheren Zeiten beim Anblick des »über einen Bergrücken hingequetschten« Gemeinwesens empfanden: »Kein Kontrast des Anblicks läßt sich so schneidend denken, als der zwischen den höckerichten und schmutzigen Gebäuden in Tübingen und der reizenden Gegend umher. Nah und fern ist sie schön.« (So Friedrich Nicolai 1781.)
Freilich könnte es auch sein, daß, anno 2400, Besucher der Stadt das durch die Hochhäuser von Waldhäuser-Ost bis zu den Institutsgiganten der Morgenstelle und des Schnarrenbergs bestimmte Ambiente als ebenso »heimelig« empfinden wie wir – anders als Nicolai, Goethe e tutti quanti – die Tübinger Altstadt anno 1981.

73 *Neubaugebiet Waldhäuser-Ost* Auf den nördlichen Höhen der Stadt, unmittelbar neben dem kleinen dörflichen Weiler Waldhausen, wo die Misthaufen noch vor den alten Gehöften liegen und das Vieh wie einst in den Ställen steht, wo man Milch und Eier holen kann und wo noch kleine Bauerngärten hinter den Häusern sind, erheben sich – auf ehemaligem Exerzierplatzgelände – riesige Hochhäuser, acht-, zehn- und mehrgeschossig, die höchsten mit 22 Stockwerken; nur gegen Osten und Südosten hin schließen sich niedere Reihenhäuser und Bungalows an: Tübingens jüngste und größte Wohnsiedlung Waldhäuser-Ost. 8700 Menschen wohnen hier – doppelt so viel wie auf der Wanne; darunter, in einem drei hohe Häuser umfassenden Studentendorf, 1200 Studierende. Es ist eine eigene, in ihren Versorgungseinrichtungen völlig unabhängige Wohnstadt, die hier ab 1968 entstand, mit ausgebautem Einkaufszentrum, Schwimmbad, Gesamtschule, Sporteinrichtungen und Gemeindehäusern usw. Autofreie Wege verbinden die Komplexe miteinander, die ihrerseits von außen her, durch kleine, von der umlaufenden Ringstraße abzweigenden Sträßchen anzufahren sind. Der ruhende Verkehr ist in Tiefgaragen verbannt.
»Klein-Chicago« nennen die Tübinger ihre Wolkenkratzersiedlung am Schönbuchrand, die durch die Höhenlage weithin sichtbar ist und sowohl dem Spaziergänger in den benachbarten Wäldern als auch dem von Hechingen kommenden Autofahrer viel früher als Schloß und Kirche die Nähe der Stadt anzeigt. Von den Höhen der Schwäbi-

schen Alb aus betrachtet, ist »Waldhäuser-Ost« mittlerweile sogar zum Orientierungszeichen von Tübingen geworden.

74 Altes Fabrikgebäude der Firma Wurster und Dietz in Derendingen Im Jahre 1867 errichteten ein Bleicher und ein Mechaniker auf dem Gänswasen in Derendingen eine »mechanische Werkstätte«, welche ihre Energie von einem Wasserrad im Mühlbach bezog und der man noch im gleichen Jahr ein Sägewerk angliederte, um so die in eigener Fabrik erbauten Maschinen vor der Auslieferung an die Kunden »auf einwandfreie Arbeit und Leistungsfähigkeit zu erproben«.

Es war eine Art Familienbetrieb, der dort auf Derendingens grüner Wiese entstand (getreu der ländlichen Tradition des Ortes kochte die Frau des Mechanikers jahrelang das Mittagessen für die Belegschaft) – ein Betrieb, der in vielem noch den Werkstätten glich, die in Tübingens Altstadt Präzisionsinstrumente für die Universitätsinstitute herstellten, und sich doch durch Umfang und Art der Produktion von ihnen unterschied: Mit der Gründung der Sägewerkmaschinenfabrik Wurster und Sailer (nachmals Wurster und Dietz) begann die Industrialisierung Tübingens – wenn auch sehr spät und zunächst nur vom Rande her (Derendingen, Südstadt, Lustnau, auch Westbahnhof-Gegend).

30 Jahre später zog die 1879 gegründete Himmelsche optische und feinmechanische Präzisionswerkstatt aus der Pfleghofstraße ebenfalls in Richtung Derendingen um und installierte sich als »Fabrik für Beleuchtungsanlagen aller Art, insbesondere solche mit Gasglühlicht für Innenräume, städtische Straßen und Plätze, Bahnhöfe, Hafenbauten etc.«, verbunden mit eigener Gasfabrikation. Den Himmel-Leuten taten's die aus Neufra kommenden Arbeiter der mechanischen Plüschweberei und Strumpfwarenfabrik Gröber nach: 1899 bezogen sie ihren Neubau neben dem Himmelwerk an der Derendinger Straße – nicht allzu weit von jenem zweiten Tübinger Industriegebiet in der Südstadt entfernt, das – wieder im Zug von Betriebsverlegungen vom Zentrum an die Peripherie – durch die Kunstanstalt Gebrüder Metz (seit 1888 am Holzmarkt, 1897 Bezug des von Parkanlagen umgebenen Hauses in der Hechinger Straße), die Stuhlfabrik Fr. Schäfer (seit 1882 Holzdreherei in der Hinteren Grabenstraße, 1900 Einzug in die »Fabrik« an der Reutlinger Straße) und, vor allem, die Metallwarenfabrik Immanuel Zanker (seit 1888 Metalldruckerei an der Burgsteige, Bezug der neuen Hallen in der Christophstraße zwischen 1897 und 1899) besiedelt wurde.

Die meisten dieser Betriebe existieren noch heute – potente Unternehmen (teils eigenständig, teils in Konzerne verflochten) am Rande einer von der Universität beherrschten Stadt, deren romantisches Aussehen übrigens schon im vergangenen Jahrhundert einer der zitierten Firmen einträgliche Geschäfte verbürgte: »Es ist gewiß kennzeichnend für die an malerischen Motiven so ungewöhnlich reiche natürliche Lage und altertümliche Bauart unserer Stadt«, heißt es in den »Tübinger Blättern« von 1901, »daß von Tübingen und seiner nächsten Umgebung nach Schätzungen Sachverständiger wenigstens 500 bis 800 verschiedene Ansichten als Postkarten gedruckt worden sind, ein Record, der in Württemberg von keiner zweiten Stadt erreicht worden ist und unter den Städten von gleich geringer Einwohnerzahl vielleicht überhaupt vereinzelt dasteht.«

75 Derendingen: Kirche und Friedhof Eine Dorfkirche mit einer charakteristisch württembergischen Mitgift: Ursprünglich halb einer kleinen Pfarrei, der von Weilheim, halb dem mächtigen Benediktinerkloster Zwiefalten zugehörig, kam das Kirchengut nach Jahren der Zersplitterung in den Besitz der Grafschaft Württemberg, um schließlich, verkauft im 15. Jahrhundert, vom Tübinger Spital erworben zu werden. Was kirchlich begann, adlig fortgesetzt wurde, endete bürgerlich – und das zum Segen der Kirche.

Der Tübinger Rat, Inhaber der Spitalpflegschaft, wird, von den Universitätstheologen belehrt, sehr genau gewußt haben, mit welchem bedeutenden Mann er die Derendinger Kirche besetzte: mit Primus Truber, einem Slowenen, der das Kerngebiet seiner Heimat, das Herzogtum Krain, reformiert hatte und dessen Bibelübertragung die slowenische Schriftsprache begründet. Auf seiner Flucht, für die ein Episkopat verantwortlich zeichnete, der Trubers Kirchenreform rückgängig machen wollte, kam der 1531 in Laibach geborene Prediger zuerst nach Rothenburg ob der Tauber, kehrte dann nach Slowenien zurück, wurde ein zweites Mal ausgewiesen und lebte, als hochangesehener Pfarrer, Übersetzer und Schöpfer der slowenischen Druckschrift von 1566 bis zu seinem Tod im Jahre 1586 in

Derendingen – ein Gelehrter, der in der Morhardschen Offizin zu Tübingen den Druck der für die Evangelisation seiner Heimat bestimmten Bibeln überwachte: Nachfolger jenes zweiten berühmten Flüchtlings aus Osteuropa, Paulus Vergerius (eines ehemaligen Bischofs und päpstlichen Nuntius, der evangelischer Prediger wurde), der sich, in Kooperation mit der ersten wirtembergischen Bibelanstalt nicht nur um die Verbreitung des Kroatischen, sondern, der Sache des jüngeren Truber verbunden, auch ums »Windische« (Slowenische) kümmerte. Auf diese Weise begann, gefördert von einem herzoglichen Rat in Tübingen und einem Derendinger Priester (dazu einem dritten Flüchtling, dem Kärntner Hans Ungaad von Sonnegg: Leiter der Bibelanstalt, in der Stiftskirche begraben), jene Ausbreitung des Evangeliums über Osteuropa hinweg, die Truber nicht nur durch die Übersetzung von Bibelteilen, sondern auch durch die Übertragung zentraler reformatorischer Schriften ins Slowenische förderte.
Als alter Mann – die Beziehungen zwischen Tübingen und Laibach, dem Stift und der slowenischen Reformationsbewegung waren inzwischen immer enger geworden – hat er noch erlebt, wie auf seinen Vorschlag hin der geniale Poet Nikodemus Frischlin ans Laibacher Gymnasium ging – auch dies ein Zeugnis dafür, in welchem Ausmaß Tübingen, zur Hoch-Zeit der lutherischen Orthodoxie in Stadt und Land, auf Südosteuropa einwirkte: in einem Augenblick, als unter der Ägide des Tübinger Kanzlers Jakob Andreä jene im Konkordienbuch niedergelegte Einheitsformel der lutherischen Kirche geschaffen wurde, die der Derendinger Pfarrherr ins Slowenische übertrug. Vom Kirchlein im Süden der Stadt aus wehte der Geist des »lutherischen Spaniens«, wie das orthodoxe Württemberg mit seinem geistigen Zentrum Tübingen damals hieß, bis zu den Karawanken, zum adriatischen Meer und weiter bis nach Konstantinopel.

76 Lustnau: Dorfstraße »Der Ort liegt malerisch an der Vereinigung der Thäler des Neckars, der Ammer und des Golderbachs auf einem gegen Südwesten sich herabsenkenden Schönbuch-Ausläufer. Das von Obstbaumwiesen umgebene Dorf gewährt mit seiner auf der höchsten Stelle stehenden schönen Kirche ein sehr ansprechendes Bild.«
Das hier 1867 in der Oberamtsbeschreibung so idyllisch erscheinende Lustnau (als Ort fast so alt wie das benachbarte Tübingen) hat sich im Gegensatz zu dem vorwiegend an den Bedürfnissen der Universität orientierten »Neckar-Athen« seit Beginn des 20. Jahrhunderts zunächst durch die Ansiedlung jener Industrie, die in Tübingen keinen rechten Platz fand, und später vor allem durch umfangreiche neue Wohnungsbauten mehr und mehr zu einem Industrie- und Wohnvorort der größeren Nachbarstadt entwickelt – ein Vorgang, der durch die 1934 erfolgte Eingemeindung noch beschleunigt wurde.
Der Charakter des alten, im 13. Jahrhundert durch Schenkung ans Kloster Bebenhausen gekommenen Pfarrdorfes mit wehrhaft ausgebauter Kirche, Schule, Pfarr- und Rathaus sowie dem Schloß der Lustnauer Ortsherren, ist heute noch in einem kleinen Bezirk um den Kirchberg herum zu erkennen. Zwar sind auch hier die seit alters her mit der Traufseite zur Straße stehenden Kleinbauern- und Tagelöhnerhäuser vielfach umgebaut und modernisiert worden, aber der alte »laufende« Brunnen, die vor- und zurückspringenden Häuser mit den heute zwar asphaltierten, aber noch gut erkennbaren Dunglegeplätzen vor den ehemaligen Ställen sowie die zur Kirche hin krumm und unregelmäßig ansteigenden Gäßchen erinnern noch an die Zeit, da die Lustnauer Bürger vorwiegend von Feld-, Wein- und Obstbau und von Viehzucht lebten, und der Klerus den Neubau der im 14. Jahrhundert halb zerfallenen Kirche mit Hilfe von Ablässen finanzierte, zu denen der Konstanzer Bischof die Genehmigung gab: »Am 13. August 1434«, berichtet ein Lustnauer Pfarrer aus der Geschichte seiner Kirche, »verlieh der Konstanzer Weihbischof allen jenen, die reumütig beichten und am Sonntag Laetare als dem Tag der örtlichen Kirchweihe und anderen Festtagen die Kirche von Lustnau besuchen und für dieselbe Hilfe leisten oder auch Gaben spenden, einen Ablaß von je 40 Tagen bzw. einem Jahr.«
40 Tage bzw. ein Jahr Ablaß – das hieß 40 Tage Höllenfeuer weniger bei tödlicher, ein Jahr weniger bei läßlicher Sünde: Drei derartige Ablaßverleihungen sind aus dem 13. und 14. Jahrhundert zugunsten von Erbauung, Ausstattung und Renovierung der Lustnauer Kirche bekannt. Sie geben einen wichtigen Hinweis auf die Bedeutung, die der Pfarrei im Mittelalter zukam – ihre Stellung im sozialen Gefüge der Zeit, die auch durch das Hauptpatrozinium des hl. Martin belegt wird, das das Lustnauer Gotteshaus als Glied in die Kette von Martinskirchen im Neckartal zwischen Horb und Plochingen einfügt.

77 Der Bebenhäuser Klosterhof (Sophienpflege) Wer, von Lustnau kommend, die B 27 in Richtung Stuttgart weiterfährt, sieht, kurz hinter der großen Kreuzung beim Gasthof Adler, auf der linken Seite einen Hofkomplex liegen, der durch schöne Fachwerkhäuser und einen alten Wehrturm auffällt.

Dieses Anwesen, das die Einheimischen meistens unter dem Namen »Sophienpflege« kennen, wurde im 13. Jahrhundert vom Kloster Bebenhausen als Wirtschaftshof angelegt und im 16. Jahrhundert zum Vogtssitz ausgebaut. Die Wehrmauer, die den Komplex noch heute im Norden und Westen begrenzt, der renovierte Rundturm sowie die Reste zweier quadratischer Eckbefestigungen erinnern – zusammen mit dem Bebenhäuser Wappen über dem Eingang des Haupthauses – an die ursprüngliche Bestimmung.

Als nach der Reformation das Kloster in eine Vorschule des Tübinger Stifts umgewandelt wurde, behielt der »Abt« genannte evangelische Klostervorstand die politische Stellung seines katholischen Vorgängers bei – in erster Linie also den Sitz und die Stimme im württembergischen Landtag; aus den Liegenschaften hingegen bildete man ein eigenes Klosteramt, an dessen Spitze zunächst ein Klostervogt und – nach der Umwandlung in ein Klosteroberamt – ein Klosteroberamtmann stand, der, auch hier die katholische Tradition fortführend, seinen Amts- und Wohnsitz in dem alten, entweder (seiner Lage nach) »Lustnauer« oder aber (den Besitzverhältnissen entsprechend) »Bebenhäuser«-Klosterhof genannten Komplex hatte.

Nachdem 1806 im Zuge der Säkularisierung die Klosterämter aufgelöst und alle Kirchenbesitztümer mit dem Staatsgut vereinigt worden waren, dienten die alten Gebäude ein paar Jahre dem neu gegründeten Oberamt Tübingen als Kameralamt. Erst als diese Behörde 1841 nach Tübingen übergesiedelt war, konnte der Hof von einem (durch Tübinger Bürger und Professoren unterstützten) Lustnauer Sozialverein angekauft werden, der sich in Anlehnung an die damals verbreitete »Rettungshausbewegung« (das Wichern-Haus in Hamburg, die Beuggener Anstalten des Pfarrers Zeller in Schwaben) der »Rettung«, d. h. der Fürsorge und geistig-geistlichen Betreuung von Kindern annehmen wollte, die ohne elterliche Erziehung aufwachsen mußten und daher zu verwahrlosen drohten. Die klösterliche Abgeschiedenheit des Hofs kam den Erziehungs- und Bewahrungsabsichten dieser vom christlichen Sittengesetz geprägten Initiative entgegen. Um Gehorsam, Fleiß, Ehrlichkeit, Arbeitsamkeit und Einfachheit in den Kindern auszubilden, führte man die alte Landwirtschaft fort, errichtete eine Schule und benannte das humane Unternehmen nach dem Patronat der württembergischen Prinzessin Sophie von Oranien »Sophienpflege«.

Aber die Abgeschiedenheit der neuen Gründung sollte nicht lange dauern. Kaum drei Jahre später, 1844, wurde die neue Straße nach Stuttgart mitten durch das Hofgelände und hart am Haupthaus vorbeigeführt. Nur schwer schickte sich die Anstaltsleitung in das Unvermeidliche: »Es schneidet uns die unerbittlich-gerade Schnur des rationellen Straßenbaus mitten durchs Herz von Hof und Gut, führt den Zug der Fahrenden dicht am Haus, an der Schule vorüber, nimmt ein wohleingerichtetes Wasch- und Backhaus auf ihrem Wege mit, und verwandelt die klösterliche Abgeschiedenheit, unter deren Hut wir zwar alles eher als eine klösterliche Erziehungsweise pflegten, in ein vom schnellen Weltverkehr durchfurchtes Anwesen.« Gut 100 Jahre hielt man es neben der Straße aus – so lange, bis der Autoverkehr in den fünfziger und sechziger Jahren derart zunahm, daß eine Erziehungsanstalt an dieser Stelle nicht mehr tragbar schien. 1959 gelang die Aussiedlung des landwirtschaftlichen Betriebs ins Neckartal, und zehn Jahre später konnte die gesamte Sophienpflege in einen Neubaukomplex auf die Pfrondorfer Höhe – weit vor der Stadt auf freiem Feld gelegen – umziehen.

Die alten Gebäude wurden nach einigem Hin und Her der Tübinger Drogenhilfe überlassen, die sie seit 1976 in Absprache mit dem Landesdenkmalamt und unter Mitarbeit ihrer jungen Klienten nach und nach renoviert und ausgebaut hat und auch die Landwirtschaft wieder betreibt, zu deren Pflege und Verwaltung dieser Hof vor 600 Jahren errichtet wurde.

78 Bebenhausen Ein Kunstwerk aus einem Guß: Im Zentrum der Kreuzgang, an der Westseite zwei Refektorien, eins für die Mönche, eins für die Laienbrüder; im Osten der Kapitelsaal, die Brüderhalle und der Sprechraum; im Norden die Kirche (das Langhaus ursprünglich, bis ins 16. Jahrhundert, sechs Joche länger); im Süden Kirche und Sommerrefektorium – nicht zu vergessen das Dorment, den Schlafsaal mit den Zellen, an der Ostseite des Kreuzgangs, im Obergeschoß. Das Ganze umgeben

von Nebengebäuden: Herrenhaus, Infirmarie (Krankenanstalt), Halle und Speisesaal; dazu, jenseits des inneren Mauerrings, durch einen zweiten Steinwall von der Außenwelt getrennt, die Oekonomiegebäude, und, noch weiter draußen, im offenen Bezirk, die Klosterziegelei.
Eine Anlage, geprägt vom Kalkül zisterziensischer Baukunst – sehr einfach zu Beginn, der Ordensregel entsprechend: flacher Chorschluß, kleine Fenster, Verzicht auf plastischen Schmuck, statt des Turms ein Dachreiter. Erst zur Zeit der hohen und späten Gotik haben die Baumeister, bei gelockerter Regel, »gemogelt« – und so geriet der Kirchen-Dachreiter am Ende doch zum Turm – trotz des Ordensverdikts.
Bebenhausen: ein Gesamtkunstwerk der Zisterzienser, das dem Betrachter veranschaulicht, wie zeitgenössisches Kunstreglement die Ordensvorschriften mehr und mehr lockert. Nicht nur das Prunkfenster im Kirchenchor zeigt, daß Prinzipien (Schmucklosigkeit als Ausdruck des geraden Wegs zu Gott) unter dem Diktat ästhetischer Gebote außer Kraft gesetzt werden können.
360 Jahre haben die Zisterzienser in Bebenhausen gewirkt – in ländlicher Einsamkeit, wie es die Ordensregel verlangte. 1190, drei Jahre nach der Gründung des frommen Bezirks, sind sie hier eingezogen (Pfalzgraf Rudolf hatte die ersten Eigner seines Hausklosters, die Prämonstratenser, wieder ausgeladen): Diepold, der Gründerabt, und zwölf Mönche – um 1300, in der Blütezeit der Bebenhäuser Gemeinschaft, sind's deren 60 gewesen, dazu 130 Laienbrüder, deren Unterhalt durch das Vermögen der ins Kloster inkorporierten Pfarreien gesichert war. Eine kluge »Besitzpolitik« (Jürgen Sydow) sorgte für den Wohlstand des Ordens; Pfründen und Pflegschaften ermöglichten die Bautätigkeit großen Stils, die – ein Glücksfall für den Kunsthistoriker, der eine übersichtliche Anlage antrifft, deren Ausformung er Etappe für Etappe rekonstruieren kann, unverschandelt durch Barock und Neogotik . . . eine Bautätigkeit, die mit der Reformation abrupt beendet wurde: Kloster Bebenhausen – ein durch Herzog Christoph im 16. Jahrhundert geschaffenes Museum.
Ein Museum in baulicher, nicht in geistlich-politischer Hinsicht: Aus dem Männerkloster der Zisterzienser entstand (nach einem Interregnum von 30 Jahren, in denen der katholische Konvent von den evangelischen Nachfolgern mehr und mehr an den Rand gedrängt wurde: vertrieben schließlich in die Krankenanstalt) eine protestantische Klosterschule mit einem Abt an der Spitze: Vorbereitungsanstalt vom Rang Maulbronns oder Blaubeurens für's Tübinger Stift, in der die begabten Söhne des Landes unter der Ägide des Abts, der – Zeichen seiner Importanz – bis 1805 Sitz und Stimme im württembergischen Landtag hatte, die Grundausbildung für ihren künftigen Pfarr- und Lehrberuf erhielten.
600 Jahre geistliches Regiment in Bebenhausen, 350 Jahre zisterziensischer, 250 Jahre württembergisch-lutherischer Prägung (mit kurzer Unterbrechung im Dreißigjährigen Krieg). Dann, als Bebenhausen Staatsbesitz wurde, begann eine neue Geschichte. Das Herrscherhaus bemächtigte sich des Klosters und machte ein Jagdschloß daraus; ein Dorf konstitutierte sich, 1823, am Rande des nunmehr königlichen Prachtbaus; nach dem Zweiten Weltkrieg bezog für ein paar Jahre der Landtag von Württemberg-Hohenzollern das Kloster: berühmt als das sparsamste Parlament der Bundesrepublik Deutschland; statt der baulustigen Zisterzienseräbte und orthodoxen Magister residierten hier, bis zur Gründung des Südweststaats, Gebhard Müller und Carlo Schmid und legten, im Bannkreis der Refektorien, des Kapitelsaals und der Bruderhalle, dem sechzigköpfigen Landtag Rechenschaft ab.
Heute ist es, wenn nicht gerade sonntägliche Ausflugs- und Vesperbetriebsamkeit herrscht, wieder still geworden in Bebenhausen.
Nicht nur das 800jährige Kloster, sondern auch der Ort selbst steht, als Gesamtanlage, unter Denkmalschutz: nah der lauten B 27, aber als Architektur- und Naturkunstwerk zisterziensischer Prägung immer noch von geistlicher Absonderung in ordensgemäßer Tallage zeugend: »Am Jordan« heißt eine Bebenhausener Straße und verweist auf die Tröstungen der Religion, ohne die einer nicht hätte leben können zur Zeit der Äbte beider Konfessionen – selbst nicht ein »Neuerer« und »Wolffianer« wie's jener Israel Gottlieb Canz war, der, zum Gedenken an seine früh verstorbenen Kinder, folgende Inschrift auf den Bebenhäuser Grabstein setzte (das ergreifendste, weil jahrhundertelanges Elendslos in wenigen Zeilen veranschaulichende Dokument, das es im Klosterbezirk gibt):

Hier liegen in einer Reyhe
Sechs Hüttlein
von sovil unsterblichen Seelen
die kurtz gekämpfft
bald gecrönt
durch die Schöpffers krafft des allmächtigen
ihren anfang genomen

von
M. Israel Gottlieb Cantzen
Closter praeceptore
Special Superintendent
zu Nürtingen
und seiner Eheliebsten
Sibylla Regina
einer gebohrenen Röslerin.
Ihre Tauff Nahmen waren folgende:
Israel Gottlieb
gebohren den 25. Febr. 1722 gestorben den 29. Mart. 1722
Wider Israel Gottlieb
gebohren den 3. Apr. 1724 gestorben den 23. Jan. 1725
Sybilla Catharina
gebohren den 17. Sept. 1725 gestorben den 6. Mart. 1726
Maria Juliana
gebohren d. 2. Dec. 1728 gestorben d. 28. Jan. 1729
Louisa Eleonora
geboren d. 7. Nov. 1729 gestorben d. 20. Mart. 1732
Juliana Friderica
geboren d. 5. Jan. 1731 gestorben d. 14. Apr. 1731

79 Kloster Bebenhausen: Sommerrefektorium

Sommerlich hell empfängt dich ein Saal, man glaubt sich in einem
Dom; doch ein heiterer Geist spricht im Erhabnen dich an.
Ha, wie entzückt aufsteiget das Aug' im Flug mit den schlanken
Pfeilern! Der Palme vergleicht fast sich ihr luftiger Bau!
Denn vielstrahlig umher aus dem Büschel verlaufen die Rippen
Oben und knüpfen, geschweift, jenes unendliche Netz,
Dessen Felder phantastisch mit grünenden Ranken der Maler
Leicht ausfüllte, da lebt, was nur im Walde sich nährt:
Frei in der Luft ein springender Eber, der Hirsch und das Eichhorn:
Habicht und Kauz und Fasan schaukeln sich auf dem Gezweig. –
Wenn, von der Jagd herkommend, als Gast hier speiste der Pfalzgraf,
Sah er beim Becher mit Lust über sich sein Paradies.
(Eduard Mörike, 1864)

80 Beim Ammerhof Ein paar Kilometer westlich von Tübingen liegt auf einem Hügel im Ammertal die Domäne Ammerhof – ursprünglich ein kleines Dorf mit eigener Kirche. Kapelle und Zehnten der Siedlung brachten die Tübinger Pfalzgrafen im 12. Jahrhundert in die Grundausstattung des von ihnen wiedergegründeten Klosters Obermarchtal ein, das in den folgenden Jahren rasch den ganzen Weiler aufkaufte und bis zur Säkularisierung 1806 seinen Wein von den ausgedehnten guten Reblagen des Fleckens bezog.
Die Weinberge waren es auch, die den Grundbesitz vom Ammerhof 1806 für Württemberg interessant machten; das Gut selbst diente im 19. Jahrhundert König Karl als Refugium, der, wie die Oberamtsbeschreibung von 1867 berichtet, »hier der angenehmen und stillen Lage wegen gern verweilte« und sich im oberen Stockwerk des dreigeschossigen Wohnhauses »vier Zimmer ansprechend eingerichtet hatte«.
Für Tübingen war Ammern, oder, genauer gesagt, der an die Stelle des Dorfes getretene Ammerhof, durch die Jahrhunderte hindurch vor allem in zweierlei Hinsicht von Bedeutung: Zum einen diente er als Lieferant landwirtschaftlicher Güter, die auf dem Markt verkauft wurden (noch heute gelten Molkereiprodukte und Geflügel vom Ammerhof in der Stadt als Markenartikel), zum anderen war er fast 60 Jahre lang, von 1750 bis 1806, Pfarrei der wenigen Tübinger Katholiken, die hier den Gottesdienst besuchen konnten.
Die heute noch bestehende spätbarocke Kirche hatte das Kloster Obermarchtal auf der Höhe seiner Macht, in der ersten Hälfte des 18. Jahrhunderts, anstelle der alten Dorfkirche errichteten und repräsentativ mit Schauportal, Deckenfresken und Glockentürmchen ausstatten lassen: Pracht und Prunk für kurze Zeit.
Mit der Verlegung der Pfarrei nach Tübingen im Jahre 1806 verlor auch die Kirche ihre Funktion. Der neue Ammerhofpächter, der Württembergische Geheime Finanzrat Christian Ferdinand von Spitteler, ließ in das profanierte Gotteshaus einen Zwischenboden einziehen und benutzte es als Scheune für seinen Hof, und auch der fol-

gende Domäneninhaber nahm offenbar keinen Anstoß an dieser Barbarei – weder der Göttinger Rechtswissenschaftler Karl Friedrich Eichhorn noch die königliche Familie, nicht das Land und nicht die Stadt Tübingen, der Ammern als Teilgemeinde zugehört: Die Kirche ist auch heute noch Scheune; der Zwischenboden zerstört einen barocken Sakralraum, in dem nur noch die Fresken und die Stuckarbeiten an die frühere Bestimmung erinnern.

81–83 Schwärzloch. Obsternte und Mosterei bei Unterjesingen Zwischen Tübingen und dem Ammerhof liegt auf einem Spitzbergausläufer über den Ammerwiesen der Hof Schwärzloch – wie das benachbarte Ammern ursprünglich ein Weiler mit eigener Kirche aus der Zeit um 1200.

Auch dieses Gotteshaus ist längst profaniert. Nur die Apsis – nach außen hin mit schönen Rundbögen und geometrischem Fries verziert – ist noch in alter Form erhalten, während das einschiffige Langhaus heute einen Teil des Wohn- und Gastwirtschaftsgebäudes bildet, an dessen Südseite Reste eines romanischen Frieses mit schwer deutbaren mythischen Figuren und Zeichen eingemauert sind. Seit dem 12. Jahrhundert gehörte Schwärzloch dem Kloster Blaubeuren – ein Besitztum, das 1477 für Tübingen bedeutungsvoll wurde, als der päpstliche Beauftragte für die neue Universitätsgründung, der Abt Fabri von Blaubeuren, den Schwärzlocher Hof samt allen Liegenschaften durch die Übereignung ans St.-Georgs-Stift dem Universitätsvermögen zuschlug.

100 Jahre später gehörte der Hof zum Besitz des Tübinger Spitals (die Marksteine der Umgebung: Krummstäbe neben der Hand mit der Semmel, zeigen den Wechsel der Rechtsverhältnisse), das ihn nach 350 Jahren, 1828, an einen Privatmann verkaufte.

Aus dem Spitalshof wurde ein Ausflugslokal für Tübinger Bürger und – dies vor allem – Studenten: Vesper in den Mauern des ehemaligen Kirchenschiffs; Most, Bauernbrot und Leberwurst, Rundgesang und Tête-à-tête unter Kastanien und Lindenbäumen im Klosterhof über den Ammerwiesen . . . den Blick nicht zu vergessen auf die alten Weinbauterrassen an Weilerhalde und Kreuzberg, wo neben den Weinstöcken die Apfelbäume stehen und im Herbst die Apfelernte und das Mosten beginnt (s. Bild 82/83).

84 Die Wurmlinger Kapelle

Luftig wie ein leichter Kahn,
auf des Hügels grüner Welle
Schwebt sie lächelnd himmelan,
Dort die friedliche Kapelle.

Aus der Entfernung ist es oft besungen worden, das Wurmlinger Kapellchen; die Distanz beförderte die Metaphorik – einerlei, ob Gustav Schwab vom Tübinger Schloß aus das Kirchlein vervielfältigte und ihm gleich noch, weil's die Romantik so wollte, Burgen an die Seite stellte: »Und Burgen und Kapellen auf fernen Bergen stehn und unten hin die Wellen des stillen Flusses gehn«, einerlei, ob Lenau, auch er aus gebührender, der Poesie zukommender Distanz, die Kirche in einen himmelwärts schwebenden Kahn verwandelte oder ob Uhland, dem Lenauschen *dort* präludierend, die Kapelle *droben* aus der Perspektive eines emporlauschenden Hirtenknaben besang.

Die Poeten taten in jedem Fall gut daran, das Panorama und nicht, den Berg emporklimmend, das Detail zu besingen: Die Lage, nicht die Architektonik macht die Poesie der auf grüner Welle schwebenden Kapelle aus. Sie selbst ist herzlich unbedeutend und verdankt der Landschaft, in die sie sich als Solitär einfügt, den Ruhm. Nur die Krypta erinnert noch an den romanischen, angeblich anno 1050 vollendeten Bau; die Kirche wurde, nachdem sie während des Dreißigjährigen Kriegs abgebrannt war, am Ende des 17. Jahrhunderts neu aufgebaut.

Der Ausblick ist vielfältig, der Kirchhof am Rand des alten Wallfahrtskapellchens malerisch, die Absegnung durch die Literatur eindrucksvoll – so viele Kapellen, zumal von derart bescheidenem Ausmaß, gibt es schließlich nicht, die zugleich einen Lenau und Schwab zum Gesang inspiriert haben. Und Uhland natürlich, der anno 1805 im Wechselspiel von *hinab* und *nieder, empor* und *droben* – mit der Kapelle ein romantisches memento mori verband:

Droben stehet die Kapelle,
Schauet still ins Thal hinab,
Drunten singt bei Wies' und Quelle
Froh und hell der Hirtenknab.

Traurig tönt das Glöcklein nieder,
Schauerlich der Leichenchor;
Stille sind die frohen Lieder
Und der Knabe lauscht empor.

Droben bringt man sie zu Grabe,
Die sich freuten in dem Thal.
Hirtenknabe, Hirtenknabe,
Dir auch singt man dort einmal.

Vorsatz vorn und hinten: Platanenallee Die Platanenallee zwischen Neckar und dem 1909 zum Flutkanal ausgebauten Mühlbach – das ist der karge unversehrte Rest jener vier parallel laufenden baumbestandenen Prachtavenuen im südlichen Vorfeld der Stadt, auf dem Wöhrd jenseits des Neckars. Wie es hier einmal ausgesehen hat, zeigen Bilder, die um 1840 vom Österberg aus gemalt worden sind. Im Osten: Neckarbrücke und Karlsstraße, im Westen die 1508 angelegte Lindenallee auf dem oberen Wöhrd, im Norden Neckar und Stadtmauer und im Süden, dort, wo heute zwischen Bahnhof und Kaserne ein schmaler Schrebergartenstreifen die Gleise von der Hegelstraße trennt, die 1819 geschaffene *Pappelallee* an der alten Rottenburger Chaussee. Ihr folgte in Richtung auf die Stadt die *Kastanienallee,* dann, wiederum etwas weiter nördlich, auf der Trasse der heutigen Uhlandstraße, die *Akazienallee* und schließlich – in den zwanziger Jahren des vorigen Jahrhunderts im Überschwemmungsgebiet zwischen Mühlbachkanal und Neckar angelegt – die *Platanenallee,* im Westen durch das Weiden-»Seufzer«-Wäldchen begrenzt, das nach Meinung des streitbaren Tübinger Ästhetik-Professors und passionierten Spaziergängers Friedrich Theodor Vischer »eine der lieblichsten Zierden« des Gesamtareals war: »Ein dichtes Boskett von Weiden und anderem Gehölz, schattig und kühl, bevölkert von unzähligen Singvögeln, mit einzelnen hochstämmigen wie für den Pinsel des Künstlers von selbst gruppierenden Waldbäumen.«

Der Wöhrd – ursprünglich Teil der städtischen Allmende, auf die durch das Neckartor tagtäglich das Vieh getrieben wurde, diente, wie alte Stadtansichten zeigen, nicht nur der landschaftlichen Nutzung, sondern auch der Erholung von Studenten und Professoren.

Zuerst Viehweide, dann zugleich bäuerlicher Groß-Garten und Lustort der Spaziergänger, wurde der Wöhrd schließlich Kampfplatz in einer Klassenauseinandersetzung: Die Anlage der Alleen zu Beginn des 19. Jahrhunderts, ein Zugeständnis an die Universität und deren akademische Flaneure, nahmen die Ackerbauern, bedroht in ihren angestammten Rechten, nicht widerstandslos hin – ganz im Gegenteil: Als der Magistrat 1820 eine »anderweitige Verwendung« des Wöhrd in Betracht zog und das Neckartor für den Viehaustrieb auf die Allmende sperrte, erzwangen die Bewohner der Unterstadt die Öffnung der Tore und das weitere Weiderecht – und als in der Folgezeit die Universität, um ihre Interessen durchzusetzen, mit der Verlegung der Anstalt nach Stuttgart und dem Entzug von Beiträgen zur städtischen Armenversorgung drohte, griffen die Unterstädter zur Selbsthilfe, fällten die Pappeln an der Rottenburger Chaussee (Begründung: sie minderten durch »Wurzeln, Schatten und Insekten den landwirtschaftlichen Nutzen der anliegenden Äcker«) und ersetzten sie durch Obstbäume – nicht ohne Unterstützung der Stadt und deren Behörden, die die Universität wissen ließen, daß »Blüthe und Früchte [der Obstbäume] *gerechten* Ansprüchen an die Spende der Natur sowie an die Wachsamkeit und Vorsorge der Verwaltungsbehörden bald und in erfreulicher Weise entsprechen dürften«. Erst die Entwicklung im letzten Drittel des 19. Jahrhunderts brachte die Stadtverwaltung wieder an die Seite der Universität: Ein Bahnhof, ein Gaswerk zum Zweck der Stadtbeleuchtung, schließlich neue Schulen waren zu bauen; dazu legte man Wert darauf, Garnisonsstadt zu werden.

Als Zugang von der Stadt zum Bahnhof wurde in der Fluchtlinie Burse–Stationsgebäude eine neue Allee angelegt (ursprünglich Hauffstraße), die die großen Avenuen durchschnitt und an deren Nordende später die Uhlanddenkmalsanlage entstand, die, zusammen mit dem großzügig geplanten Gymnasium im Bereich der Akazienallee, die Bürger-Promenierer für den teilweisen Verlust der alten Bäume entschädigen sollte.

Ein Plan von 1901 zeigt ein letztes Mal das Ziel, die Anlagen des Wöhrd als Naherholungsgebiet inmitten einer sich rasch ausdehnenden Stadt soweit als möglich zu erhalten. Erst nach der Jahrhundertwende wurde – im wörtlichen Sinn – die Axt an die Wurzel gelegt. Neckarkorrektion und Bau des Flutkanals trennten die Platanenallee auf der wasserumringten Insel von der restlichen Anlage; der Bau der Uhlandstraße tat ein übriges, um die Wöhrd-Zerteilung zu vollenden; im Südwesten zerschnitt die neugebaute Bahnlinie nach Herrenberg das Terrain zwischen Mühlbach und Lindenallee – was zugleich das Ende der alten »Badschüssel« bedeutete: der Badeanstalt im 1851 aufgestauten Mühlbach. Ein künstlicher See, 1908 nördlich des Bahnhofs gegraben, sollte als Ersatz dienen und jedenfalls der Restanlage zwischen Uhlandstraße und Bahnhof ein repräsentatives Aussehen verleihen: Darum die auf-

wendige Neuanpflanzung am Seeufer; darum die Aufstellung der – von Stuttgart erworbenen – Danneckerschen Nymphengruppe, die dem mit der Bahn anreisenden Fremden einen angenehmen Eindruck vermitteln sollte: Kunst und Natur – friedlich vereint.
Freilich hat der 1961 angelegte Europaplatz mit dem Omnibusbahnhof auch diese Rest- und Ersatzanlage nicht unangetastet gelassen – nur die Platanenallee blieb das, was sie war und verweist so noch heute auf Tübingens Pappel-, Kastanien-, Akazien-, Lindengebiet, das einmal für den Sieg der Universität und die Niederlage der Ackerbürger stand.
Die Platanenallee als Relikt der großen Promenierzone südlich der Stadt: Nachdem die 1825 im »Wäldchen« entdeckte Schwefelquelle gottlob wieder versiegte, ehe große Badegebäude erstellt worden waren, nahm sich ein neu gegründeter Bürger-Verein der Inselanlage an, »verschönerte« sie mit Bänken und Denkmälern und erfüllte so Friedrich Theodor Vischers Forderung nach einem stadtnahen »Spaziergang«, der »nicht bloß nothdürftig geschickt sey, dem Leibe die körperliche Bewegung auf eine die schädlichsten und unbequemsten Einflüsse der Witterung fernhaltende Weise zu gewähren«, sondern auch »als eine geschmackvolle Anlage« geeignet wäre, »durch die ansprechende und doch nicht anspruchsvolle Mahnung einer durch Kunst veredelten Natur Sinn und Gemüth frisch zu erhalten, zu reinigen und zu beleben«.

Benutzte Literatur

1. Adreßbücher der Stadt Tübingen 1886 ff.
2. Altstadtsanierung Tübingen, Stadtbildsatzungsentwurf 1976; Altstadtsanierung Tübingen, Rahmenplan 1977; Altstadtsanierung Tübingen, Stadtbildsatzung 1979; Altstadtsanierung Tübingen, Wettbewerb Stadtgestalt und Denkmalschutz im Städtebau, 1978 (Hektogramm)
3. Autorengruppe, Arbeitertübingen, Tübingen 1980
4. Autorenkollektiv, Das andere Tübingen. Kultur und Lebensweise der unteren Stadt im 19. Jahrhundert, Tübingen 1978
5. Attempto, Nachrichten für die Freunde der Universität Tübingen, Heft 1, 1953–63/64/65, 1978/79
6. Ludwig Baur, Der städtische Haushalt Tübingens vom Jahre 1750 bis auf unsere Zeit, Tübingen 1863
7. Beschreibung der feierlichen Legung des Grundsteines zu dem erbauenden Universitätsgebäude in Tübingen, Tübingen 1841
8. Beschreibung des Oberamtes Tübingen, herausg. vom Königlich-statistisch-topographischen Bureau, Stuttgart 1867
9. P. Breitling, H. D. Kammeier, G. Loch, Tübingen, erhaltende Erneuerung eines Stadtkerns, 1971
10. Otto Brunner, Baden-Württemberg, Reclams Kunstführer, 6. Aufl. Stuttgart 1971
11. Cotta in Tübingen, Tübinger Kataloge No. 4, Tübingen 1959
12. Martin Crusius, Diarium 1–3, Tübingen 1927, 1931, 1958
13. Manfred Eimer, Tübingen, Stadt und Burg bis 1600, Tübingen 1945
14. Dr. Eisenbach, Beschreibung und Geschichte der Stadt und Universität Tübingen, Tübingen 1822
15. Andreas Feldtkeller, Skizze zur Formengeschichte des Tübinger Altstadthauses, 1979 (Hektogramm)
16. Josef Forderer, Die Kirchen, Kapellen und Klöster der Stadt Tübingen, Tübingen 1953
17. Reinhold Frauendiener, Die Tübinger Weingärtner und ihre Kelter, Tübingen 1970
18. Johann Wolfgang von Goethe, Tagebücher 1775–1809, dtv-Gesamtausgabe Band 43, München 1963
19. Robert Gradmann/Reinhold Rau, Tübingen, Werden und Wandel des Stadtbildes, Berichte zur deutschen Landeskunde, Bd. 18, 1957, S. 163–193
20. Johannes Haller, Die Anfänge der Universität Tübingen, Bd. 1 u. 2, Tübingen 1927/29
21. Hallische Jahrbücher für deutsche Wissenschaft und Kunst, 4. Jg. 1841, Leipzig 1841
22. Heimatkundliche Blätter für den Kreis Tübingen, 1950–1974
23. Oscar Heinitz, Das Bürgerhaus zwischen Schwarzwald und Schwäbischer Alb, Tübingen 1970
24. Historisch-geographisch-topographisches Lexikon von Schwaben, Ulm 1800
25. Helmut Jantzen, Tübingen, Stadt und Kirche 1978
26. Walter Jens, Eine deutsche Universität. München 1977
27. Martin Kazmaier, Tübinger Spaziergänge, Pfullingen 1977
28. Alfred Klemm, Württembergische Baumeister und Bildhauer bis ins Jahr 1750, Württembergische Vierteljahrshefte für Landesgeschichte Jg. V, 1882, S. 1–223
29. K. Klüpfel, Max Eifert, Geschichte und Beschreibung der Stadt und Universität Tübingen, Tübingen 1849
30. F. A. Köhler, Eine Alb-Reise im Jahre 1790 von Tübingen nach Ulm, 2. Aufl. Tübingen 1979
31. Hermann Kurz, Denk- und Glaubwürdigkeiten, Sämtl. Werke Bd. 11., Lpz. o. J.
32. Isolde Kurz, Aus meinem Jugendland, Berlin 1918
33. Isolde Kurz, Hermann Kurz, Stuttgart 1919
34. Der Landkreis Tübingen, Band 3, Stuttgart 1974
35. Martin Lang, Alt-Tübingen, Tübingen 1913
36. Detlef Lembke, Die Bauten der Universität Tübingen in 500 Jahren, Attempto 61/62 1977
37. Dr. Maier/Pfullingen, Die Musenstadt Tübingen, Tübingen 1904
38. Eduard Mörike, Sämtl. Werke, München 1964
39. Robert von Mohl, Lebenserinnerungen, Bd. 1, Stuttgart 1902
40. Friedrich Nicolai, Beschreibung einer Reise durch Deutschland und die Schweiz im Jahre 1781, Bln 1783–1796 Bd. 11. Drittes Buch, 12. Abschnitt Aufenthalt in Tübingen.
41. Friedrich Payer, Autobiographische Aufzeichnungen und Dokumente, Göppingen 1974
42. Theodor v. Pistorius, Die letzten Tage des Königreichs Württemberg, Stuttgart 1935
43. Reinhold Rau, Häuserbuch, Hs. im Stadtarchiv Tübingen
44. Brigitte Riethmüller, Altes Tübingen, Frankfurt 1977
45. Sanieren und Modernisieren von Fachwerkbauten, Schriftenreihe des Bundesministers für Raumordnung, Bauwesen und Städtebau o. J. 04. 069
46. Adolf Schahl, Bauformen und Baugesetzgebung in Württemberg. Schwäbische Heimat, 11. Jg. Stuttgart 1960, S. 145–148
47. Max Schefold, Alte Tübinger Stadtansichten, Tübinger Historische Darstellungen No 1.
48. Südwestpresse. Tübingen, 500 Jahre Eberhard-Karls-Universität Tübingen, Eine Sonderbeilage 7. 10. 1977
49. Südwestpresse Tübingen, 900 Jahre Tübingen, Eine Sonderbeilage 11. 8. 1978
50. Jürgen Sydow, Geschichte der Stadt Tübingen, Bd. 1, Tübingen 1974
51. –, Tübingen, Bilder zur Geschichte der Stadt, Tübingen 1980
52. –, Aus der Geschichte des Schlosses Hohentübingen, Sonderbeilage d. Volksbank Tübingen anläßlich der 900-Jahr-Feier der Univ. Stadt Tübingen, 1978
53. Jürgen Sydow / Rudolf Huber, Das Tübinger Rathaus, Kl. Tübinger Schriften, H. 6, Tübingen 1969
54. Tübinger Blätter, Jg. 1898–1980

55. Tübingen im Munde der Dichter, 1477–1877, 2. Aufl. Tübingen 1878
56. Tübingen in Zahlen, Statistische Kurzberichte der Universitätsstadt Tübingen, 1977, 1979
57. Tübingen: Kulturdenkmale, Ausstellungskatalog, Tübingen 1978
58. Tübingen und seine Umgebung, Tübingen 1884
59. Die Universität Tübingen von 1477–1977 in Bildern und Dokumenten, Tübingen 1977
60. Varnhagen von Ense, Denkwürdigkeiten aus meinem Leben, Mannheim 1837 ff.
61. Karl Weidle, Die Entstehung von Alt-Tübingen, Tübingen 1955, Tübinger Historische Darstellungen 2
62. Otto Weinreich, So nah ist die Antike, München 1970
63. Hermann Werner, Führer durch Tübingen, Tübingen 1952
64. Albert Westermayer, Emil Wagner, Theodor Demmler, Die Grabdenkmäler der Grablege zu St. Georg in Tübingen, Tübingen 1912
65. Hans Widmann, Tübingen als Verlagsstadt, Tübingen 1971
66. A. Wintterlin, Zur Tübinger Bau- und Kunstgeschichte, Württembergische Vierteljahrshefte für Landesgeschichte, Jg. V, 1882, S. 311/312
67. Lilli Zapf, Die Tübinger Juden, Tübingen 1974

Register

Danksagung

Für Auskünfte und Hinweise danke ich Irmela Bauer, Günther Bellmann, Georg Cwienk, Rolf Nill und Jürgen Sydow; für freundlich-kritische Durchsicht des Manuskripts Andreas Feldtkeller und Wilfried Setzler; für vielfache Anregungen Brigitte Riethmüler; für Hilfe beim Korrekturenlesen Peter Weit; für das Schreiben des Manuskripts Irene Klaiss.

Tübingen, Juni 1981 Inge Jens